「教育」を学ぶ

あなたに贈る 20のストーリー

すべてのひとに
良質な教育を
いつからでも
どこででも

高櫻綾子［編著］

朝倉書店

執　筆　者

高櫻　綾子*（たかざくら あやこ）　青山学院大学教育人間科学部［序，第1章］

石川　かおる（いしかわ かおる）　日本基督教団小石川白山教会愛星幼稚園［コラム1］

寶川　雅子（ほうかわ まさこ）　鎌倉女子大学短期大学部［第2章］

溝部　聡子（みぞべ さとこ）　かわさき里親支援センターさくら［コラム2］

司城　紀代美（しじょう きよみ）　宇都宮大学大学院教育学研究科［第3章］

大久保　知典（おおくぼ とものり）　芳賀町立芳賀北小学校［コラム3］

大木　優子（おおき ゆうこ）　福井大学大学院連合教職開発研究科［第4章］

村上　恭史（むらかみ きょうし）　東京学芸大学附属世田谷中学校［コラム4］

坂本　篤輝（さかもと あつき）　福島大学人間発達文化学類［第5章］

市川　愛倫（いちかわ あいりん）　足立区新田学園新田小学校［コラム5］

香山　太以（こうやま たいい）　福井大学学術研究院教育・人文社会系部門［第6章］

武田　亘介（たけだ のぶすけ）　札幌新陽高等学校［コラム6］

大木　由美子（おおき ゆみこ）　文教大学人間科学部［第7章］

村内　遼（むらうち りょう）　神戸須磨シーワールド［コラム7］

山本　珠絵（やまもと たまえ）　青山学院大学教育人間科学部［第8章］

木本　晶史（きもと あきふみ）　さきちゃんち運営委員会［コラム8］

八庭　道仁（やにわ みちひと）　青山学院大学教育人間科学部［第9章］

金子　道平（かねこ みちへい）　光の子どもインターナショナル・クリスチャン・スクール［コラム9］

林　寛子（はやし かんこ）　信州大学大学院教育学研究科［第10章］

松浦　由佳（まつうら ゆか）　NPO法人アルペなんみんセンター［コラム10］

（執筆順，＊は編著者，［　］は執筆箇所）

序　あなたが教育の主人公です

── 一緒に教育に秘められている可能性を咲かせませんか？──

　本書の表紙には，さまざまな希望が描かれています．「○○になりたい！」と夢を抱いたり，「○○してみたい！」と願ったりすることは，素敵なことだと思います．同時に，いのちが守られ，心身の安心・安全が保障されているからこそ，希望を抱くことが可能であると感じます．このように考えてみると，希望を抱けることは，尊いことであることを実感します．また，過酷な状況にあっても，希望を抱いて，立ち向かっているひと，そのひとを支えようとするひとの姿に，力強さを感じます．こうした希望と，それを叶えようとするひと，支えようとするひとに対して，教育に何ができるでしょうか？　わたしには未だ明確な「こたえ」はみえていません．教育経験を振り返ってみても，楽しかった思い出や感謝の思いがある一方で，「もっと○○だったら」と悔いを感じることもあります．

　それでも教育を通して，学んだこと，出会ったひと，経験したこと（誇りたいくらいのよいことも，思い出すと苦しくなることも）のすべてが確かに糧となっていると思えるのです．そして教育によって得られたすべてのことが「これまで」を助け，「いま」に導いてくれて，「これから」も支えてくれると，信じています．

　だからこそ，「自分を見つめる勇気と機会に寄り添い，顔を上げてみよう，視野を広げてみよう，歩み出してみようと思えるようなきっかけになりたい」との希望を抱いて，本書を企画しました．そして，はじめの一歩として，「教育」に幅広く触れて，知って，身近に感じてほしいと考えました．

　この希望を叶え，あなたの一歩を後押しするために，教育にかかわるさまざまな分野から専門家が集ってくださいました．執筆者はそれぞれの現場の第一線で活躍しており，豊富な経験から，教育について，同じように見つめて感じていることもあれば，その多様さと奥深さに新鮮な驚きを感じることもあります（だから教育って面白い！）．本書のなかで出会うストーリーに，ページをめくる楽しさを感じて，興味や関心を抱くことが見つかったならば，嬉しく思います．

　本書は，教育を学ぶことを志して入学した大学生への講義・演習・ゼミでの活用とともに，高校生をはじめ，これから何を学ぼうかについて考えている方，す

でに教育にかかわる現場で活躍されている方にとっても，新たな発見と学び直しがある内容になっています．一人で読み進めることも，グループで読み合うことも可能です．いずれの場合であっても，学ぶことに加えて，「分かち合うこと」を大切にしていただきたいと願っています．

教育において大事なことの1つは，多様なひと，考え，価値観，背景，心情などがあることに気づくことではないでしょうか．そのためには知識を得るだけではなく，学んだことをもとに，主体的に調べること，現場においてともに過ごすこと，自分の目で見て，耳で聴いて，肌で感じて，頭で考えて，心で受け止めようとすることが何より大切と考えます．

こうした過程においては，理解することが難しく，受け入れることに抵抗がある場合もあるでしょう．だからこそ，一方的に押し付けるのではなく，理解するには難しく，受け入れることに抵抗があることも認めたうえで，お互いを知ろうとし，尊重し合おうとすることへと，心を交わすことができるかに，教育の真価が問われており，教育によって新たな可能性を生みだす希望があると考えます．そのためにも，本書を通して学んだことから，分かち合うことへとつなげてほしいと願っています．

最後に，「すべてのひとに，良質な教育を，いつからでも，どこででも」が当たり前になることを強く願います．そのためには，教育について学ぼうと思い，学び始めたみなさんの力が必要です．学ぶ内容，動機，とき，方法，場所，仲間，そして学んだ先にあるもの…すべてはあなたの内にあります．あなたが教育の主人公であるからこそ，教育に秘められている可能性を見つけられるのです．あなたが種をまき，花を咲かせ，実らせていくことを，期待し，楽しみにしています．

本書に携わってくださった執筆者の方々と朝倉書店編集部のみなさま，刊行に向けて支え続けてくださった方々，そして本書を通して出会えたあなたに，豊かな祝福があるようにと祈り，心からの感謝を込めて，本書を贈ります．

2025年1月

編著者　高櫻綾子

目　　次

第1章　教育とは，いのちを育み，自ら育とうとする力を支援する営みです ⋯ 1
　1.1　「いのちを育む」とは ⋯ 1
　1.2　「育つための力」から「自ら育とうとする力」へ ⋯ 4
　1.3　いかなるときでも，どのような自分であっても，変わらずに愛されること ⋯ 6
　1.4　「教育」を学ぶあなたに贈る 20 のストーリー ⋯ 8

コラム1　小学校以上とは異なる方法ですが，就学前にも教育は行われています ⋯ 11

第2章　教育の礎である家庭について問いたいと思います ⋯ 13
　2.1　教育の礎となる家庭とは ⋯ 13
　2.2　子どもの思いを受け止める ⋯ 15
　2.3　ひととして生きていくための力 ⋯ 19

コラム2　「子どものため」には，おとなを支えることから始めたい ⋯ 22

第3章　教室は多様な子どもたちによる学びの宝庫です ⋯ 24
　3.1　多様な子どもたちがともに学ぶインクルーシブ教育 ⋯ 24
　3.2　対話による思考の深まり ⋯ 25
　3.3　子どもたちの言葉が重なり合う授業 ⋯ 26
　3.4　学びの契機となるコミュニケーションのズレ ⋯ 29
　3.5　教師の即興的な対応 ⋯ 30
　3.6　多様性を楽しむインクルーシブ教育 ⋯ 31

コラム3　子どもたちの言葉や考えが響き合う授業に取り組んでいます ⋯ 34

第4章　豊かな学びは，教師とともに良き学び手によってつくられます ……… 36

4.1　情動に満ちあふれた教師の仕事，教えるという営み ……… 36

4.2　挑戦的集中と成長発達のチャンス―フロー体験― ……… 37

4.3　授業における教師と子どもたちのフロー体験 ……… 40

4.4　授業における豊かな対話と子どもたちの学ぶ姿 ……… 41

4.5　即興の対話が生みだす教師と子どもたちの挑戦的集中 ……… 42

4.6　豊かな学びは，教師とともに良き学び手によってつくられる ……… 45

コラム4　主体的対話的で深い学びをともにつくっています ……… 47

第5章　教師になることは，ゴールではなく，新たな学びのスタートです ……… 49

5.1　授業における教師の学び ……… 49

5.2　授業研究会における教師の学びの様子 ……… 53

5.3　授業研究会を通して学ぶために ……… 54

コラム5　子どもたちとともにあるために学び続ける人でありたいと思います

……… 58

第6章　過去から学び，今にいかすことも，教育の大切な役目です ……… 60

6.1　国際比較のなかでの日本の教師 ……… 60

6.2　日本における教育の近代化と教師像の変化 ……… 62

6.3　教師像の問い直し ……… 64

6.4　池袋児童の村小学校における教師の探求 ……… 66

6.5　教育において「過去に学ぶ」とは？ ……… 68

コラム6　企業経験があるからこそ，伝えられる教育もあります ……… 71

第7章　教育は，学校だけで起きているのではなく，子ども以外も対象です … 73

7.1　生涯にわたる学びの支援 ……… 73

7.2　社会教育施設とは ……… 75

7.3　おとなも学ぶということ ……… 77

7.4　ボランティア活動を通した学び ……… 78

7.5　学習環境をともにつくりあげる存在としての学習者 ……… 79

7.6 多様な学習機会の創造に向けて ……… 80

コラム7　シャチとの信頼関係の秘訣は，人間の教育について学んだなかにありました ……… 83

第8章　いつでも学び直せることも，新たなつながりを生むことも，教育の魅力です ……… 85
8.1 学びたいときに学べる（学び直せる） ……… 85
8.2 共生社会の実現のために教育は何ができるか ……… 89

コラム8　子どもにもおとなにも，地域のなかに安心できる居場所が必要です ……… 96

第9章　図書館では，出会いと可能性がひらかれています ……… 98
9.1 図書館という場 ……… 98
9.2 図書館という学びの場を創る ……… 104

コラム9　学校以外にも，あなたの良さをいかせる場所があります ……… 108

第10章　日本の教育を世界へ発信し，世界から日本の教育を見つめ直すことも大事です ……… 110
10.1 フィールドに飛び込んでみて ……… 110
10.2 教育は海を渡る ……… 113
10.3 21世紀は国際学力調査の時代 ……… 115
10.4 コロナと比較教育学―共同編集の時代へ― ……… 118

コラム10　教育によって，明日へとつながる希望を届けたい ……… 121

索　引 ……… 123

─── **書籍の無断コピーは禁じられています** ───

　本書の無断複写（コピー）は著作権法上での例外を除き禁じられています。本書のコピーやスキャン画像、撮影画像などの複製物を第三者に譲渡したり、本書の一部を SNS 等インターネットにアップロードする行為も同様に著作権法上での例外を除き禁じられています。

　著作権を侵害した場合、民事上の損害賠償責任等を負う場合があります。また、悪質な著作権侵害行為については、著作権法の規定により 10 年以下の懲役もしくは 1,000 万円以下の罰金、またはその両方が科されるなど、刑事責任を問われる場合があります。

　複写が必要な場合は、奥付に記載の JCOPY（出版者著作権管理機構）の許諾取得または SARTRAS（授業目的公衆送信補償金等管理協会）への申請を行ってください。なお、この場合も著作権者の利益を不当に害するような利用方法は許諾されません。

　とくに大学等における教科書・学術書の無断コピーの利用により、書籍の流通が阻害され、書籍そのものの出版が継続できなくなる事例が増えています。

　著作権法の趣旨をご理解の上、本書を適正に利用いただきますようお願いいたします。　　　　　　　　　　　[2025 年 1 月現在]

第1章 教育とは，いのちを育み，自ら育とうとする力を支援する営みです

高櫻 綾子

― 誘いのことば ―

　人生初のニックネームは，産婦人科医が名づけた「こつぶちゃん♡」．からだが小さくて弱く，休むこともあったが，幼稚園の先生から始まり，小学校から大学まで，それぞれの先生になりたいと思っていた．それは先生たちが楽しそうで，新たなことを学ぶワクワクを感じさせてくれたから．大学で中高の教員免許を取得したが，大学1年から始めた保育所のアルバイトでの学びを通して，「子どもってすごいんだよ！」と伝えたいと，幼児教育学と保育学を専門とする大学教員をしている．

　子どもや保育者，学生，同僚，友人，家族…さまざまなひとから教わり，学び続ける毎日が楽しくて嬉しい．学ぶことに期限はなく，すべてのひとにひらかれ，いつからでも，どこででも，良質な教育を受けられる世界であってほしい．学び続けるひとと学びを支えるひとへのエールとともに，「あなたが紡ぐストーリーも素敵なものであるように」と心から祈る．

1.1 「いのちを育む」とは

　「いのちを育む」ときいて，あなたが思い浮かべたことは何だろうか？　ここで，あえて「いのちを育む」と表現する理由は2つある．

　第一に，家庭や学校，地域などさまざまな場所において，多様な内容についての教育が行われているが，そのすべてに共通し，忘れてはならないのは，そもそも教育とは，「いのちを育み，自ら育とうとする力を支援する営み」ということである．家庭での子育ても，学校での授業も，社会教育施設での学びも，いのちを育み，育っていくことにつながっていく．このように考えると，第二に，「い

のちを育む」とは，自分以外の誰かの手による行為だけではなく，自分が自分のいのちを育むという意味を持つようになる．「家庭でのしつけは基本的生活習慣を獲得し，社会のなかで他者とともに生きていくのに必要な素地を得るため」「学校での授業は社会のなかで自立して生きていくうえで必要となる知識を修得するため」「社会教育施設での学びは人生をより豊かにするため」…と考えることができ，教育は誰かの（役に立つ）ためだけではなく，「自分のため」ともいえる．

1.1.1　いのちは誰のもの？

　教育とは，「いのちを育み，自ら育とうとする力を支援する営み」であり，「いのちを育む」とは，自分以外の誰かの手による行為だけではなく，「自分が自分のいのちを育む」という意味も持つと捉え直すとき，もう一歩進んで「いのちは誰のものか」について考えておきたい．

　柏木（1995）は，かつて「子どもは親の意思や人間の力によらず人間を超えたものの手によって『授けられる』ものであった」のに対し，「子どもは親の意思，決断，選択によって生をうけ，医学の進歩に支えられて確実に誕生し育つ」なかで，「今や子どもは『授かる』ものではなくなり，親の『つくる』ものとなった」と指摘している．さらに，「『つくらない』という選択もある中で『つくる』と決めて『つくった』子は親の『もちもの』的存在となりがち」（柏木，2008）と指摘する．そして，こうした現代だからこそ，「親となって現実に子どもとかかわり子育ての苦楽を体験することで，人間の限界を知り人間を超えたものへの畏敬の念を強くするということは，おとなとしての重要な発達」（柏木，1995）と述べている．

　一方で，「自分のいのちなんだから，自分のすきにしてもいいでしょ」というフレーズを耳にし，その後に起こる出来事に言葉を失うことも少なからずある．こうした現実のなかにある当事者を責めるつもりはまったくないが，「自分のいのちなんだから，自分のすきにしてもいいでしょ」という言葉の奥底には，「いのちさえもすきにできる」ほどに，「自分は何でもできる」あるいは「自分で何もかもできなくてはならない」という感覚があるように思える．そして「自分は何でもできる」「自分で何もかもできなくてはならない」にもかかわらず，うまくいかない状況に直面すると，絶望してしまい，他の道や術があるかもしれないことに目を向ける余裕さえないままに，かけがえのない「いのち」さえも，自分のすきにできることを行動で示すことで，「何でもできる自分」「何もかもできな

くてはならない自分」を何とか保とうとしているのではないだろうかと感じる．もしもそのような生きづらさを感じているのだとしたら，教育に何ができるのだろうか？

1.1.2　なぜ学ぶことが大切なのか？

「いのちを育む」ことをめぐる問いに対する明確なこたえは，まだ持ち合わせていない．だからこそ，学び続けることが必要であり，「なぜ学ぶことが大切なのか」について考えてみようと思う．

佐伯（1995）は，「希望をとりもどす学び」と表現するなかで，希望について，「確実か不確実かを計算して判断するのではなく，『やれば，おのずと道がひらかれる』という思いである．『どうなる』話よりは，『なんとか道をきりひらいていける』という話，『いろいろやれば，いつかは必ずよいところにたどりつけるハズ』という思いをさしている」と述べている．そして，「学ぶということは，予想の次元ではなく，むしろ希望の次元に生きること」「『こういうことが，いついつまでにできるようになる』ことを目的とするのではなく，いつどうなるか，何が起こるかの予想を超えて，ともかくよくなることへの信頼と希望の中で，一瞬一瞬を大切にして，今を生きるということ」（佐伯，1995）とまとめている．

子どもでも，おとなでも，その育ちは，ある一時点だけで評価できるものではなく，「これまでの歩み」と，そこから続いている「いま」，そして「これから踏み出す一歩」というつながりのなかにみてとれるものであり，その一歩ずつの歩みの積み重ねを振り返ったときに実感できるものではないだろうか．このように考えると，次の一歩を踏み出すこと，その一歩をまた新たな一歩へとつないでいくことが大切であり，そのためには「自分で考え，行動する」ことが求められる．

「自分で考え，行動する」とはどういうことかを考えてみると，「本当の意味での自信」を身につけている姿が思い浮かぶ．なぜなら，自分に自信がないと自分の考えにも不安を覚え，考えることを諦め，行動することをためらうからである．たとえば，何かについて尋ねられたり，相談したりするときに，「なんでもいい」「わからない」というのは，本当の意味での自信が十分に育っていないからともいえる．そうした背景には，自分が何かを言っても受け入れてもらえなかったり，否定されたりしてきたという経験の積み重ねがあるのかもしれない．

では「本当の意味での自信」とは何だろうか？　本当の意味での自信とは，他者と比べて自分は優秀であるという意味ではない．たしかに，おとなになるにつ

れて，他者と比べる，比べられる経験が増えていくが，その際に重要なことは，誰かと比べて，あるいは誰かと比べられて，何かの視点や項目にもとづいて，自分をチェックして，よい／悪い，できる／できない，できた／できなかったなどの評価をくだすのではなく，「自分がいかにかけがえのない，他にかわることのできない，大切な存在なのか」に重きをおいて，自分を見つめ，自分を理解し，自分を表現していくことである．

　すなわち，本当の意味での自信は，うまくいくときも，うまくいかないときにも，たとえ八方ふさがりでダメになりそうなときでさえも，「自分をかけがえのない存在として認めて，大切にすること」であり，他の誰よりも自分が<u>自分</u>を<u>信</u>じることである．だからこそ本当の意味での自信を持つと，たとえ大嵐のなかでも，しなやかに揺れ，根こそぎ持っていかれない．

　このように考えると，ひとは，順調なときも，そうでないときにも，自分をかけがえのない存在として認めて，大切にしながら，生きていくために，生涯をかけて学んでいくのではないだろうか．そして，このときに支えになるのが「教育」である．

1.2　「育つための力」から「自ら育とうとする力」へ

1.2.1　出生以前から備わっている「育つための力」

　発達とは，受精（受胎）から死に至るまでの変化であり，生涯にわたる過程である．受精から始まるということは，ひとは出生以前から生きるためにさまざまな活動をしていることになる．

　たとえば，母親が**胎動**（母親がおなかのなかで感じる胎児の動き）を感じる以前の受精6〜7週頃から胎児が動いていることが確認されており，胎動には多様な種類の運動があり，生後の生活に備える運動となっている（小西，2017）．具体例として，小西（2017）は，胎児が息を急に吸い込むような「しゃっくり」をしており，これには生後の肺呼吸を支える横隔膜の鍛錬という役割があると考えられていることを紹介している．そして「乳児期の運動は，胎児期にはじまり生後も継続して繰り返されるものが多いことがわかります．子どもは，母胎のなかで多彩な運動を続けながら，将来，外の世界で生きていくための準備を着実に進めているのです」（小西，2017）と述べている．

　また，針生（2019）は，赤ちゃんが「言語のリズムに敏感な状態で生まれ」，「ふだんの生活で周囲の人が話すのを聞いているうちに」，「誰かと楽しくやりと

4　第1章　教育とは，いのちを育み，自ら育とうとする力を支援する営みです

りするために必要な音の聞き分けだからこそ，一所懸命に耳を傾け，音の聞き方を学んでいく」と指摘している．そして，「必要のない音の区別には鈍感になり，必要な音の聞き分けはよりしっかりとできるようになる，という発達が，生後12か月までのあいだに起こっている」（針生，2019）とまとめている．こうした発達が母語の獲得へとつながっていく．

　以上のことから，ひとは，まさに "gift" と呼ぶにふさわしい「育つための力」を備えて生まれ，出生後にその力をもとに，育ち，学び，生きていくといえる．ここに人知を超えたいのちの神秘を感じるとともに，いのちが育つ力強さを信じ，慈しみたい．

1.2.2　身体的・心理的にくっつくことを通して生まれる「自ら育とうとする力」

　児童精神科医であった**ジョン・ボウルビィ**は，WHOからの依頼を受けて戦争孤児に関する大規模な調査を行い，**アタッチメント**を提唱している（たとえばBowlby, 1969，黒田ほか訳，1976）．

　アタッチメントの原義は「くっつく」であり，恐怖や不安といったネガティブな情動を感じたとき（あるいは，これから感じそうなとき）に，自分がもっとも信頼する相手にくっつくことを求め，実際に身体的にも心理的にもくっつくことで，安心・安全を感じ，心身の状態を調整して，一定の健康な状態に保とうとすることである．したがって，人生の最初の時期に，信頼できる存在を獲得できず，恐怖や不安を感じたときに，身体的にも心理的にもくっつくことができないことが繰り返されると，心身の発達に歪みや遅滞が生じ，その影響は長期間にわたる（**母性的養育の剥奪**）．

　実際，泣いている赤ちゃんを観察してみると，赤ちゃんは駆けつけてくれて，対応してくれるひとに向けて泣いていることがわかる．そして「どうしたの？」と言いながらすぐに駆けつけてくれて，応答的に対応してくれることで安心して泣きやむ．また，幼い子どもがはじめての場所で過ごすとき，そこにどんなに面白そうで魅力的な玩具が置いてあっても，すぐに遊び出すことはしない．まずは信頼できるひとにぴったりとくっついて，そのひとが安心しているのか，不安を感じているのかを見極める（**社会的参照**）．そして，そのひとがリラックスをしていて，この場所は安全そうだと感じられると，ようやく玩具に手を伸ばし，近づこうとする．その際も，最初は信頼できるひとのほうを振り返って，そのひとがその場にいることを確認したり，不安や心配を感じたらすぐにそのひとのもとへ戻って抱きついたりする．そうやって少しずつ信頼できるひとから物理的な距

1.2　「育つための力」から「自ら育とうとする力」へ　　5

離をとっていき，玩具で遊ぶことができるようになる（**安心の基地**と**安全な避難所**としての養育者）．これは「何かあれば助けてくれる，守ってくれる」という確信と見通しがあるからこその行動である．

　すなわち，最初は，身体的にも心理的にもぴったりとくっつくことで安心・安全感を得ていた状態から，信頼できる存在に対して，「何かあれば助けてくれる，守ってくれる」という確信と見通しを獲得することで，心理的にはそのひととつながっている感覚を保ちながら，徐々にそのひとから離れて，一人でもさまざまなことに挑戦できるようになっていく．ここにアタッチメントが果たす機能と同時に，「自ら育とうとする」契機をみることができる．

1.3　いかなるときでも，どのような自分であっても，変わらずに愛されること

　出生以前から備わっている「育つための力」をもとに，育ち，学び，生きていくためには，「自ら育とうとする力」を開花させていく必要がある．その際に何より大切なことは，「いかなるときでも，どのような自分であっても，変わらずに愛されること」である．

　いかなるときでも，どのような自分であっても，変わらずに愛されることにより，自分という存在がこんなにも大切にされ，愛されていることを，身をもって知る経験となる．それゆえ，自分で自分のことを大切にして，愛することにもつながっていく．そして，自分以外の誰かを大切に思い，いかなるときでも，変わらずに愛することを覚えていくことにつながる．

　翻って，自分を愛せないと，自分を大切にしてくれる相手のことも受け入れられなくなる．なぜなら，自分を大切に思ってくれている相手が愛する対象である自分について，自分自身が愛せない事態に陥ってしまっているため，両者の間には，大切な存在としての対象の一致がみられないからである．このように考えると，ひとが出生以前から備わっている「育つための力」をもとに，育ち，学び，生きていくうえで，「いかなるときでも，どのような自分であっても，変わらずに愛されること」の大切さがわかるのではないだろうか．

　また，こうした愛され，愛する関係は，「ともに見つめ，考え，行動する関係」ともいえる．たとえば，子どもとのやりとりにおいて，おとなが発する「どうしたらいいんだろう？」は，子どもに教える立場をとりながらも，子どもと同じ目線で考え，試し，活動しているからこそ発せられる言葉である．事実，こうし

た言葉の後には，「わたしは○○と考えてみたけれど，あなたはどう思う？」や「わたしは○○をしてみたけれど，あなたならどうする？」などの言葉が続きやすく，ここには自分の考えや行動と同じように，子どもの考えや行動を尊重する姿勢がある．だからこそ，子どもは，自分でも考え，試してみようとし，相手のやっていることをみてヒントを得ようとしていく．「○○すればよい」や「○○すべき」と断言して終えてしまったならば，子どもには自分の考えが育たず，自分で考えて行動することもできない．

このとき同時に，「まだできないの？」ではなく，「まだできなくても大丈夫！」という言葉と，そこに込める思いを大切にしたい．「まだ，○○できない」というとき，そこには，「『まだ』という時期的な遅れと，『できない』という不完全や不足を捉える視点」（北野，2023）がある．しかしながら，よく考えてみると，「まだ，○○できない」ことは，失敗でもダメなことでもなく，むしろ「これからできるようになる」という将来への希望がある状態である．もっというならば，「これからできるようになる」ことを待つ楽しみがあり，「まだ，○○できない」ことに寄り添いながら，ともに次の一歩を歩むことが許されている．

だからこそ，結果よりも，そこに至るまでの「過程」を重視したい．何かに挑戦すると，結果がついてくる．そのとき，望むような結果が得られなかったとしても，「できなかった自分」「失敗してしまった自分」ではなく，「やってみようとした自分」「実際に挑戦した自分」に目を向け，重きをおくことが重要である．なぜなら，目の前の事態から目を背け，逃げ出していたのならば，そもそも「できなかった」も「失敗」もなく，そこには「成長もない」からである．目の前の事態に向き合うからこそ，そして，できずに失敗と思ったときにこそ，新たな気づきや学びを得ることができ，成長することもできる．それは，もしかしたら，うまくいったり，成功したりしたとき以上に，その後の人生における大きな糧となるかもしれない．だからこそ，「『よくできた』『よくがんばった』自分も愛されるが，『なかなかできない』『なかなかがんばれない』ときの自分も愛される．このようにまるごと愛される経験こそが，自己肯定感や自尊感情を芯の強いものにしてくれる」（庄井，2004）と考えられる．

このように，ひとが育ち，学び，生きていくためには，「いかなるときでも，どのような自分であっても，変わらずに愛されること」が必要である．このことは，子どもであっても，おとなであっても，同じことであり，大切にしていきたい．加えて，「『育つ』『育てる』という営みは，常に表裏一体の関係にあり，双方の視点を同時に捉えるならば，それは『育ち合う』ことに他ならない」（高櫻，

2025）．ここに，自分以外の誰かの手による行為とともに，「自分が自分のいのちを育む」ことの必要性と重要性がある．それゆえ，教育とは，〈わたし〉と〈あなた〉がともに，「いのちを育み，自ら育とうとする力を支援する営み」である．

1.4 「教育」を学ぶあなたに贈る 20 のストーリー

　本書では，「教育」を学ぶあなたに向けて 20 のストーリーを紡いでいく．どのストーリーにも著者自身の人生や教育への思いがあふれている．一人一人のオリジナルストーリーがあると同時に，あなたの考えや価値観，人生とつながるように感じる部分もあるのではないだろうか．

　あるひとのストーリーが他のひとのストーリーと交わるとき，そこに新たな対話と気づきが生まれる．とくに教育に関するストーリーは多様であるからこそ尊い．あなたのストーリーと交わることで生まれる，新たなストーリーを楽しみにしつつ，本書の概要を紹介する．

　まず幼稚園での実践から，小学校に入学する以前より，遊びを通して学んでいることを知ってほしい（コラム 1）．次に，すべての教育の礎となる家庭について考える（第 2 章）とともに，里親支援（コラム 2）に着目しながら，現代社会における多様な家族のあり方と，おとなを支えることがどのように子どもの育ちに還元されるのかについて問う．

　続いて，学びの場を「学校」に移し，障害児をはじめ多様な背景を持つ子どもたちが出会い，教室で学び合うことについて具体的に紹介する（第 3 章＆コラム 3）．また，教室での学びは教師が主導するものだけではなく，生徒との相互のやりとりによって深まること（第 4 章）や学校にかかわるひととの協働により，深い学びが実現されること（コラム 4）をみていく．さらに教員免許を取得し，教壇に立つことがゴールではなく，教師になって以降も，同僚とともに学び合うことで成長し，それが教育にいかされていくことについて考えたい（第 5 章＆コラム 5）．そのうえで，過去の出来事から学び，いまにいかすこと（第 6 章）と，多様な経験によって伝えること（コラム 6）の重要性を確認する．

　さらに，教育が学校だけでなく，そのひとに応じた「とき」に，さまざまな「場」において，多様に展開されること（第 7 章＆コラム 7）により，それが新たな学びとなり，可能性をひらくこと（第 8 章），地域のなかに居場所（コラム 8）や豊かな文化財と学びの場が保障されることで（第 9 章），人生の可能性をひろげられることについて，不登校児への支援（コラム 9）も通して伝えたい．最

後に，海外の教育や状況と照らし合わせながら，日本の教育（第10章）と難民（コラム10）について取り上げる．

さあ，本書を道しるべに，教育について学んでいこう！ あなたと教育について考えることを楽しみにしている．

これから教育を学ぶあなたへ

貧困や虐待，いじめなど，子どもを取り巻く問題が複雑化・多様化しており，世界的にも紛争などにより，十分な教育機会を得られない子どもたちがいる．子どもに限らず，「なぜ生まれてきてしまったのだろう」と絶望し，「なぜ産んだの？」と投げかけ，生きることがつらく，苦しさから諦めてしまおうとするひともいる．

いつ，どこに生をうけたとしても，すべてのいのちは慈しまれ，愛され，大切に育まれるべきなのに，日々の暮らしにおいてさえ安心・安全を感じられないなかで，教育を行う—受けるという言葉の虚しさと行為の無力さを感じることもある．

それでも教育に携わりたいと願うのは，教育が持つ力を信じたいからかもしれない．どんな「いま」にあっても，教育を受けることで，ほんのわずかでも変わること，変えられることがあるのではないか．教育を通して，さまざまなひとに出会い，多様な考えや価値観を知り，自分とも向き合う．それは，きっといつの日にか「過去」も含めたものとして「いま」を受け止め，「明日」に希望を抱きながら，「いま，ここにある自分」として，踏ん張ることにつながるのではないか．

わたしと向き合い，このように思わせてくれているすべてのいのちと経験に感謝を込めて，そして本書を通して，あなたに出会えた喜びとともに伝えたい．

「うまれてきてくれてありがとう」

引用文献

Bowlby, J.: *Attachment and Loss, Vol. 1 Attachment*, Hogarth Press, 1969／改訂増補版 1982（黒田実郎・大羽蓁・岡田洋子・黒田聖一（訳）：母子関係の理論Ⅰ—愛着行動，岩崎学術出版社，1976／新版 1991）
針生悦子：赤ちゃんはことばをどう学ぶのか，中央公論新社，2019
柏木惠子：親の発達心理学—今，よい親とはなにか，岩波書店，1995
柏木惠子：子どもが育つ条件—家族心理学から考える，岩波書店，2008

北野幸子：誕生からの乳幼児のウェルビーイングを支える保育者の研修を考える，発達 174 号，73-79，2023

小西行郎：運動は胎児期からはじまっている．In 小西行郎・小西薫・志村洋子（著）：赤ちゃん学で理解する乳児の発達と保育，第 2 巻 運動・遊び・音楽，pp.10-11，中央法規出版，2017

佐伯胖：「学ぶ」ということの意味，岩波書店，1995

庄井良信：自分の弱さをいとおしむ─臨床教育学へのいざない，高文研，2004

高櫻綾子：子どもの育ちに携わるとは，子どもとともに育つということです．In 高櫻綾子（編著）：理論と実践の往還で紡ぐ保育・幼児教育学─幸せに生きるためのヒントは乳幼児期に，pp.1-10，朝倉書店，2025

コラム 1

小学校以上とは異なる方法ですが，就学前にも教育は行われています

石川かおる

　保育所や幼稚園などの就学前の保育・幼児教育機関では，毎日子どもたちが思いっきり遊ぶ姿がよくみられます．子どもたちはいつでも本気で友だちとかかわり，遊び込んでいるので，ときには友だちとの間で気持ちや意見の衝突が起き，いざこざが発生することもあります．それでも子どもたちは友だちと一緒に遊ぶことを楽しみ，いざこざを通して自分と相手の気持ちに気づいたり，折り合いをつけたりする方法を学ぶなど，園生活のなかでさまざまな経験を重ねながら育ち合っていきます．だからこそ保育者には，子どもたちがひととかかわることを喜び，頭と心をフル回転させて遊ぶなかで，さまざまな発見や気づきを得ながら心身の発達を促していくこと（**遊びを通した総合的な指導**）と，そのために必要な環境を整えること（**環境を通した教育**）が求められています．

　こうした乳幼児期の教育は，教科書や教材を使って，国語や算数（数学）などの教科を学習していく小学校以上の学校教育と比べると理解されにくい面もあります．実際，「幼稚園の先生は，いつも子どもたちと遊んでいて楽しそうでいいね」と言われたり，「文字の読み書きや数字の計算など学ばずに，遊んでばかりいて，小学校に入学してから授業についていけるでしょうか？」と心配されたりすることも少なくありません．そこで，このコラムでは，子どもたちが遊びや生活のなかで学んでいく姿と，それを支える保育者について紹介したいと思います．

今年のはっさくはどのくらい収穫できたかな？

　毎年 3 学期になると，園庭のはっさくの木から実を収穫するのが恒例になっています．収穫したはっさくは，礼拝堂前に置いていきます．年少児と年中児は，はっさくを置いて並べることを楽しんでいます．一方，年長児は，収穫できたはっさくの数を知ろうとしています．収穫できたはっさくの数は多く，ただ置くだけではうまく数えることができません．そこで保育者が「どう並べたら数えやすいかな？」と言葉をかけると，一人の年長児が礼拝堂の前のタイルの模様が四角い形であることに気づきました．早速子どもたちは，四角いタイ

ル模様に1つずつはっさくを合わせて並べていきます。しかしタイル目に合わせて並べただけでは、まだ子どもによってはっさくの合計数にばらつきが生じています。そこで保育者が「数を決めて並べてみたらどうかな？」と提案すると、一人の年長児がみんなに「10個ずつ並べてみよう！」と言葉をかけ、「1, 2, 3……9, 10」「1, 2, 3……9, 10」と数を数える子どもたちの声が、繰り返し響き始めました。そして年長児を中心に、タイルの目に合わせて10個ずつ並べたはっさくを「10個の列が2つで20個」「10個の列が10で100個」と数えていき、今年は132個のはっさくを収穫できたことがわかりました。

　私が勤めている幼稚園では、保育時間中に計算や文字の読み書きを教えることは行っていません。なぜなら保育者は、子どもたちに数や文字を知識として教えたり覚えさせたりするのではなく、子どもたちが園生活のなかで数や文字、図形や標識などに興味や関心を持てるように遊びや活動を工夫したり、環境設定をしたりといった必要な援助を行うことが大切だと考えているからです。たとえば、毎日、出席した子どもの人数を保育者と一緒に数えたり、人数集めゲーム（さる＝2文字＝2人組になる）や四季を通して栽培している花や野菜・果物の収穫数を数えたりすることなどを通して、数に触れ、数を意識する機会をつくっています。知識として数量について学ぶのではなく、保育のなかの活動や園生活のなかで、面白さや便利さに気づき、興味を持つことが幼児期の数量との出会いにつながっていくと考えています。

第2章 教育の礎である家庭について問いたいと思います

寶川　雅子

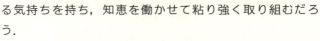
――― 誘いのことば ―――

　家庭あるいは家庭に代わるような場での生活は，ひととして生きるためのもっとも基本となる学びの場になる．ここでいう学びとは，一人のひととして尊重されること，必要な力や知恵のことを指している．物事の善悪の判断や日常生活に必要なルールやマナーも含まれる．

　ひととして自立して生きられるようになるためには，自分のことを無条件に愛し，認めてくれるおとな，ひととして生きていくための力と知恵を授けてくれるおとなの存在が欠かせない．家庭が安らぎの場，癒しの場，学びの場であると，子どもは外の世界に出て社会の荒波にもまれても，自分で考え，判断し，行動し，失敗しても傷ついても，再度挑戦しようとする気持ちを持ち，知恵を働かせて粘り強く取り組むだろう．

　この章ではみなさんとともに家庭の教育について考えてみたい．

2.1　教育の礎となる家庭とは

　ひとは人生のなかでさまざまな出来事を経験する．嬉しいこともあるが，悩んだり苦しんだり悲しいこともある．そのようなとき，家庭がどのような役割を果たすのかで子どもの考え方，生き方に変化が起こることもあるだろう．

　ここでは，家庭教育の定義について学ぶとともに，2つの事例を紹介しながら，教育の礎となる家庭の役割について考えていきたい．

2.1.1 家庭教育とは

家庭教育について，教育基本法（昭和二十二年法律第二十五号）では以下のように定めている．

（家庭教育）

第十条　父母その他の保護者は，子の教育について第一義的責任を有するものであって，生活のために必要な習慣を身に付けさせるとともに，自立心を育成し，心身の調和のとれた発達を図るよう努めるものとする．

2　国及び地方公共団体は，家庭教育の自主性を尊重しつつ，保護者に対する学習の機会及び情報の提供その他の家庭教育を支援するために必要な施策を講ずるよう努めなければならない．

保護者は，子どもに必要な生活習慣を身につけさせ，自立心を養い，心身の発達を図る努力をし，国や地方自治体は，家庭教育が行いやすいよう支援をする努力義務があるというのだ．家庭教育を地域で支えていこうということだろう．

さらに文部科学省は，家庭教育について以下のように紹介をしている．

家庭教育は，すべての教育の出発点．

家族のふれ合いを通して，子供が，基本的な生活習慣や生活能力，人に対する信頼感，豊かな情操，他人に対する思いやり，基本的倫理観，自尊心や自立心，社会的なマナーなどを身につけていく上で重要な役割を果たしています．

例えば，毎日の生活の一場面．皆さんのご家庭では，どのように過ごしていますか？

いつも家族で「おはよう」「ただいま」「おやすみ」などのあいさつを習慣にしている．

早寝早起きを心がけている．

朝ごはんは家族一緒に食べる．

学校での出来事などについて，子供とよく話をする．

テレビやゲームの時間などのルールを，親子で話し合って決めている…．

家庭は，子供たちが最も身近に接する社会．常に子供の心のよりどころとなるものです．

少し立ち止まって，日常の家庭での生活を振り返ってみませんか

（文部科学省「家庭教育ってなんだろう？｜子供たちの未来をはぐくむ　家庭教育（mext.go.jp）」https://katei.mext.go.jp/contents1/ より）

家庭教育は，すべての教育の出発点であり日常の家庭生活の繰り返しによって子どもは学びを得ている．家族との何気ないふれあいのなかで，子どもがひととして成長するのに必要となる事柄を身につけていく．たとえば，基本的生活習慣の確立や生活能力，物事の善悪を判断できる倫理観，自分自身を大切にしようとする自尊心，自分で考え行動する力である自立心，言葉遣い・挨拶・報告−連絡−相談・約束を守る・身だしなみを整えるなどの社会的なマナーなどである．さらに，家族に愛され，支えられ，見守られて生活をするなかで，ひとへの信頼感や自己肯定感も育まれていく．

　しかしながら，昨今，都市化や核家族化，少子化，雇用環境などの変化により，地域のなかでのつながりが希薄になり，地域のなかで子育てについて気軽に相談できるひとがいない親もおり，家庭を取り巻く環境や子育てを支える環境も大きく変化している．また，家庭の孤立化や，忙しくて精神的なゆとりが得られない状況，児童虐待，社会格差の問題，若者の引きこもりなど，家庭をめぐる問題は複雑になっている．それゆえ，いまあらためて，社会全体で子育てや家庭教育を支えていくことが必要なのではないだろうか．

2.1.2　家庭教育支援チーム

　こうした子どもの育ちやその第一義的責任を有する家庭を支える取り組みとして，「家庭教育支援チーム」がある（図2.1）．この家庭教育支援チームは，家庭と地域・学校をつなぐ文部科学省が推奨する支援体制である．

　子育て経験者をはじめとする地域の多様な人材で構成された自主的な集まりであり，身近な地域で子育てや家庭教育に関する相談にのったり，親子で参加するさまざまな取り組みや講座などの学習機会，地域の情報などを提供したりする．また，地域の実情に即して，学校や地域，教育委員会などの行政機関や福祉関係機関と連携しながら，子育てや家庭教育を応援している（文部科学省，「家庭教育支援チーム」の手引書，p.4）．

2.2　子どもの思いを受け止める

　ひとは，拠り所となる場があるとそこで自分を癒し，次へと向かうための準備が整いやすいだろう．ここに2つの事例を紹介する．やや長めだが，可能な限り事実に忠実に記載した．これらを読み，子どもが家庭で得る学びについて考えたい．

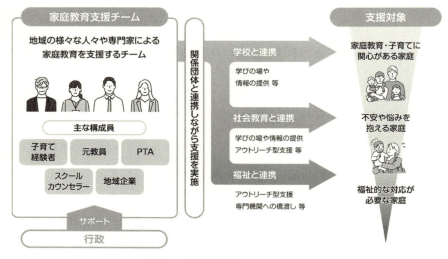

図 2.1 家庭教育支援チームについて
(文部科学省「家庭教育支援の活動をしたい地域の方へ・制度を広めたい自治体の方へ｜子供たちの未来をはぐくむ　家庭教育（mext.go.jp）」https://katei.mext.go.jp/contents4/ より抜粋)

事例 2-1

　5歳のYくんは，保育園の年長です．保育園でさまざまな経験をすることが好きなようで，「今日は○○をするんだ」と目的を持って保育園に通っていました．

　5月のある日，ポツンと「保育園行きたくないな．お家にいたいな」と，お母さんに言いました．Yくんがこのように言うのは，はじめてのことで，お母さんはとても驚いてしまいました．Yくんに理由を聞きましたが，はっきりした理由がわかりませんでした．保育園にも相談しました．保育園の先生方も，Yくんが困っていることがあるのかなど細やかに様子を観察しましたが，原因はわかりませんでした．Yくんが「保育園に行きたくない」と繰り返し言うため，お母さんはYくんの考えを尊重しようと考えました．しかしお母さんもお父さんもすぐに休暇が取れる仕事ではありません．そこで，Yくんのおばあちゃんとおじいちゃん（お母さんの実家）に相談をしました．おばあちゃんとおじいちゃんは「いつ来てもいいよ」と，歓迎してくれました．お母さんは，Yくんに「おばあちゃんとおじいちゃんの家でよいなら，保育園をお休みできる」と相談しました．Yくんは，「それでもよい」

と承諾しました．Yくんは保育園を休み，おばあちゃん，おじいちゃんの家
で，しばらく過ごすことにしました．

　お母さんは，しばらく欠席する旨を保育園に連絡しました．園長先生が
「Yくんが一番安心できる方法を優先しましょう．Yくんが保育園に戻りた
くなったらいつでも来てください．待っていますね．お母さんも遠慮なくい
つでも来てください．一緒に考えていきましょうね」と，おっしゃってくだ
さいました．お母さんは自分を認めてもらえている気がして，不安が少し和
らぎました．

　Yくんは毎日おじいちゃんと畑で野菜の世話をしたり，草むしりをした
り，おばあちゃんやおじいちゃんとご飯を作ったり，普通の生活をして過ご
しました．おばあちゃんもおじいちゃんも，「保育園に行きなさい」とは一
言も言いません．お母さんは，「いま，保育園に行きたくないということは，
小学生になったら学校に行きたくないと言うのではないか」「自分の育て方
が悪かったからこのような事態になっているのではないか」と自分を責める
と同時に，「無理強いして保育園に連れていくのもおとな側の考えであり，
Yくんにとってはよいことにはならないだろう」と，毎日悩んでいました．
一方，Yくんが「保育園に行きたくない」と意思表示してくれたことについ
ては，嬉しく感じていました．そして，「保育園に行きなさい」と言うこと
だけは控え，「とにかくYくんの気持ちに付き合おう」と考えました．

　保育園を休むようになり，1か月が過ぎたころ「そろそろ保育園に行こう
かな」と，Yくんが言いました．それを機に，Yくんは何事もなかったかの
ように再び保育園に通い始めたのです．

　Yくんが小学1年生の秋のこと，お母さんとテレビを見ているとき「ねえ
ママ，あのさ，ぼくが保育園のとき，保育園をお休みさせてくれてありがと
う．ジイジとバアバと一緒に畑で遊んだり公園に行ったりして楽しかったん
だ．嬉しかった」と，お母さんに伝えました．このYくんの言葉を聞いて
お母さんは，「悩んだけれど，あのとき，Yくんの気持ちを尊重してよかっ
た」と感じました．その後も，保育園に行かなかった理由はわかりませんで
したし，しつこく追及することもしませんでした．Yくんが言いたくなった
ときに聞かせてもらおうと思っています．

「保育園に行きたくない」というYくんに対し，お母さんは不安に襲われなが
らも，Yくんの意思を尊重した．また，Yくんが自分から「行きたくない」と言っ

2.2　子どもの思いを受け止める　　*17*

たことに対し，「自分で意思表示ができた」と，Ｙくんの言動を肯定的に捉えている．おとなの都合で「行きたくない」原因を無理やり探ったり，「行かない」と言っているＹくんをどうにかして「行かせよう」としていたら，Ｙくんの姿は異なっていたかもしれない．両親が，わずか5歳であるがＹくんの意思を尊重し，Ｙくんを信じて待った結果，自分から「保育園に行こうかな」という意思決定ができ，再び登園したと考えられる．「待つ」ことにより，子どもの主体性が育まれた事例といえる．

事例 2-2

Ｓくんは中学1年生．小学校生活は楽しい思い出ばかりでした．成績も比較的良好でした．

Ｓくんが通う中学校は，広い地域から生徒が通ってくる学校です．小学校よりも子どもの人数が圧倒的に多くなりました．

中学校での授業が始まり，小学校と異なる中学校の雰囲気，中間テストやその他のテストの連続，小学校とは異なるスピーディーな時間の流れ，そして自分より優秀な仲間との出会い…，Ｓくんにとってすべてがはじめてだらけでした．頑張り屋のＳくんは，新しい環境に適応しようと必死で毎日を過ごしました．しかし，7月ごろから学校の近くまで行くと不調を覚え，自分でもどうすることもできませんでした．学校を休むことが多くなりました．休みがちのため，担任の先生がお母さんに連絡をしました．ここでお母さんははじめてＳくんの状況を知りました．驚きとショックで，「自分の育て方が間違っていたのか」と悩んだり，「Ｓくん自身が悪いのではないか」と考えたりしました．そこでＳくんと話し合うことにしました．Ｓくんに事情を聞いてみると，Ｓくんなりに非常に悩み，考え，努力をし，苦しんでいたことがわかりました．希望と期待を持って新たな環境を迎えたものの，現実はＳくんが考えているほど甘くなく，自分よりも優秀なひとが大勢いることを感じて自分を見失っているような状況だということがわかりました．お母さんは，Ｓくんが最初から諦めるのではなく，一人でずっと悩み，何とかしようと努力していたことにひととしての成長を感じました．いままでは，すぐ「ママー！」と助けを求めていたＳくんが，知らないうちに自分で課題を解決しようとするまでに成長していたのです．お母さんは「Ｓくんはどうしたい？」と，Ｓくんの考えを尋ねました．「いまは，まだわからない．」これがＳくんの気持ちでした．将来のことも心配ですが，いまどうす

ることがSくんにとって一番よいのかお母さんはとても悩みました．お母さんはSくんを信じることにしました．そして「Sくんが決めていいよ．お母さんは必ずSくんを守るからね．つらくなったらお家に帰っておいでね」と，Sくんに伝えました．その後もSくんは自分の意思で学校に行こうとします．しかし途中で行けなくなることもありました．そのようなときは，「お母さん，帰ってきちゃいました」と言いながら家に戻ります．このような状態が2年ほど続き，そろそろ進学について決める必要ができたころ，Sくんが「もう大丈夫だと思う」とお母さんに話しました．その後，Sくんは再び登校するようになりました．高校に進学しましたが，高校は休むことなく通っています．

　高校に入り，家族で食事をしているときにSくんが「中学校のとき，お母さんがゆっくりさせてくれたから，考えられた」と，話しました．お母さんは，「Sくんを信じて待ってよかった」と心から感じました．

Sくんが中学生になるまで深刻な悩みがなかった子育てに，突然起こったSくんの不登校．お母さんは，Sくんを責めたり，学校に行かせようとしたり，おとなの都合ばかりを求めたりすることはしなかった．現実を受け止め，Sくんに起こっていることを理解しようとし，Sくんを信じ判断を委ねた．このようなお母さんのSくんに対する温かなまなざしと考えと姿勢が，Sくんにとって家庭が居場所と感じられる要素になったのだろう．子どもも，子どもの人生のなかでさまざまな経験をする．ときには，思いもつかないような出来事に出会うこともある．そのようなとき，安心して悩み，落ち込み，考えて，自分を見つめ，自分らしさを発見していく場が家庭という居場所なのだろう．

　以上2つの事例を紹介した．人生において，さまざまな経験をするのがひとである．どのようなときにも，家族にありのままの自分が受け入れられ，ここにいて大丈夫と感じられ，心の拠り所となる場所が家庭という場なのだろう．温かなまなざし，肯定的な雰囲気のなかで，納得するまで悩み考え，次へのエネルギーと知恵を蓄えることによって，再び社会に向かっていく．

2.3　ひととして生きていくための力

　ひとには，**認知能力**と**非認知能力**とがある（第4章参照）．生きていくにはどちらも大事な能力である．

認知能力とは，記憶できる，知識を正確に理解できる，読み書きができるなど，学力に相当する知力のことであり，成果が目に見えやすい．

一方，ひとが，社会でうまく生きていくために必要な力を非認知能力と呼ぶ．非認知能力とは，好奇心が豊かである，失敗してもくじけず失敗をうまくいかそうとする，必要なことには集中できる，うまくいかないときにあきらめず「どうしてかな」「こうやってみよう」「これがだめなら，こうしてみようかな」など目標達成まで頑張れる，粘り強くやり遂げる，感情をコントロールできるなど，心や自我の能力のことである．非認知能力が育まれていると，おとなになってからの幸せや経済的安定，社会で成功する力につながるとされる（Heckman, 2013, 古草訳, 2015）．非認知能力は，情動のコントロールにかかわる体験を積み重ねることで伸びていく．たとえば，幼いころから無条件に愛される体験を重ね，特定のおとなと信頼関係（愛着関係）ができ，自分は必ず助けてもらえるという他者を信頼する気持ちを持つことで，自分を信頼し自己肯定感が育ってゆく（第1章参照）．「自分は大丈夫だ」という安心感があるため，我慢をする心のゆとりが育まれるのである．それゆえおとなが子どもに対し正確さやスピードばかりを求めていたり，子どもがおとなの顔色ばかりを気にして生活する環境では非認知能力は育まれない．子どもが自分らしく振る舞うことが認められている「安心感」を感じられていることが大切なのである．

これから教育を学ぶあなたへ

　教育というと，学校の教室のような場所をイメージするだろう．そして，おとなが子どもに一方的に何かを教えることを，教育と捉えがちである．ぜひ，教育の意味をひとの一生として広く捉えていただきたい．

　ひとはこの世に誕生してから人生を終えるまで，まったく同じ瞬間がない．常に生きることを学んでいる．そのなかの1つに，いわゆる学校でお勉強をするという意味での教育の時期があるだけであり，生きていることそのものが，ひととしての経験と学びの時間と考えると，本章で紹介した家庭教育も，より深く考えることができるだろう．たとえ家族でも，果てしなく広い宇宙のなかで家族となったのだから，「ありがとう」「ごめんね」の気持ちを心がけたい．「ありがとう」「ごめんね」が言える関係は笑顔と平和をもたらすだろう．

引用文献

Heckman, J. J.: *Giving Kid a Fair Chance*, The MIT Press, 2013（古草秀子（訳）：幼児教育の経済学，東洋経済新報社，2015）

文部科学省：家庭教育支援の活動をしたい地域の方へ・制度を広めたい自治体の方へ｜子供たちの未来をはぐくむ　家庭教育（mext.go.jp）　https://katei.mext.go.jp/contents4/

文部科学省：子供たちの未来をはぐくむ　家庭教育　https://katei.mext.go.jp/

文部科学省：1.「家庭教育支援チーム」って何？,「家庭教育支援チーム」の手引書―家庭教育支援チームは身近な地域の子育て・家庭教育応援団！, p.4, 平成30年11月

コラム**2**

「子どものため」には，
おとなを支えることから始めたい

溝部　聡子

　みなさんが「支えられている」と感じるのは，どんなときでしょうか？　私は，多くを語らなくとも気持ちを理解してもらえたとき，何も言わずにそっと寄り添ってもらったとき，タイミングよく手を差し伸べてもらえたときなどに「支えられている」と感じます．そして「支えられている」と感じたときには，肩の力が少し抜けたり，心の緊張が少し解けたりするのではないかと思います.

　私が勤務しているかわさき里親支援センターさくらは，里親支援機関として，**特別養子縁組家庭**の支援を行っています．**里親**は，何らかの事情で生みの親と一緒に暮らすことができない子どもを自分の家庭に迎え入れ，愛情いっぱいに育ててくれるひとのことをいいます．現在，日本には約4万2000人，**社会的養護**が必要な子どもがいるといわれています．社会的養護とは，「**子どもの最善の利益**のために」と「社会全体で子どもを育む」という2つの基本理念のもと，「親と一緒に暮らすことができない子ども」と「支援を必要としている親子」を社会的に支えていくことをいいます.

　子どもの「生みの親」のなかには，複雑な生育環境で育った，住まいや経済面で不安定な生活を送っている，若年，知的障害や精神疾患がある，パートナーがいない，予期せぬ妊娠など，さまざまな事情を抱えている方がいます．なかには虐待に至るケースもあります．虐待は決して許されることではありませんが，同時に，そこに至るまでに助けを求められなかった親の背景にも目を向けなければ真の解決には至らないと思っています．なぜなら虐待に至ってしまう親のなかには，ひととの温かいコミュニケーションや助けてもらった経験の乏しさ，周囲に頼れるひとが少ない状況，自分の気持ちを言葉で表現するのが苦手，ひとを信頼できなくなる出来事や社会への不信感や諦めがあるなど，「どうやって助けを求めたらよいのかわからない」「ひととつながる手段を持ち合わせていない」という状況におかれていたひとも少なくないからです．加えて，このような周囲とのつながりが希薄で，地域から孤立している場合には，よりさまざまな課題や問題が連鎖して蓄積していく傾向があるにもかかわらず，社会の支援が届きにくく，支援につながったときには，

すでに状況が深刻化していることが多くあります.

　私は数年前,子育て短期利用事業に携わっていたときに,地域の保健師に連れられてきたある親子に出会いました.「連れられてきた」という言葉の通り,この親はシングルマザーで精神疾患を患っていたのですが,支援を受ける必要性を感じておらず,最初は「何も困っていない」と話していました.実際,子どもにミルクをあげる,オムツを替えるなどの最低限のお世話はしていたものの,子どもへの情緒的なかかわりが乏しく,子どもの肌はガサガサで,すごくおとなしい子でした.子育て短期利用事業の利用を通して,まず子どもには適切な養育を提供し,保育士が情緒的なかかわりを持つなかで,ひととかかわることの心地よさを育んでいきました.そして,親とは丁寧な対話を繰り返し,小さな「できた」を積み重ねながら,支援者がチームとなってこの親子を見守り,日々の生活に伴走し続けました.その結果,親が子どもの変化をキャッチして「こういうときはどうしたらよいのか?」とSOSが出せるようになり,同時に子どもの心身の発達も促され,地域の保育所への入所へとつなげることができました.

　子どもの育ちを支えるためには,子どもが心身ともに安心・安全を感じ取ることのできる居場所や子どもの育ちに携わるひとが複数いることが大切です.また「子どものため」には,その子どもの育ちに携わる「おとなを支えること」も不可欠です.ここでいう「おとな」には,生みの親はもちろんのこと,里親や,保育所や幼稚園などで子どもの保育・教育にかかわる保育者なども含みます.そして「おとなを支える」ということは,孤立しない社会,寛容な社会である必要があると考えています.そのためには目の前の事象だけをみるのではなく,その背景に思いを馳せることや知ろうとすることが求められており,これが「支える」ことの第一歩になっていくと思います.また,世の中に子育てに関するさまざまなサービスや支援が充実することに加えて,ひととひとが顔を合わせた「つながり」をつくることも大事であると感じています.多くのひとが地域のなかで子どもと親を見守り,子どもと親の理解者になるということも,広い意味での「支える」ということにつながるのではないでしょうか.

　最後に「川崎市子どもの権利に関する条例」の制定に向けた条例報告市民集会において,子どもたちから寄せられたおとなへのメッセージを紹介します.

　「まず,おとなが幸せにいてください.おとなが幸せじゃないのに子どもだけ幸せにはなれません.おとなが幸せでないと,子どもに虐待とか体罰とかが起きます.条例に"子どもは愛情と理解をもって育まれる"とありますが,まず,家庭や学校,地域の中で,おとなが幸せでいてほしいのです.子どもはそういう中で,安心して生きることができます」(子どもの権利条例子ども委員会のまとめ,2001年3月24日条例報告市民集会).

第3章 教室は多様な子どもたちによる学びの宝庫です

司城紀代美

― 誘いのことば ―

自分はひとと違う．そんなふうに悩んだことはないだろうか．

しかし，ひとはそもそもみんな違っている．「違うこと」「異なること」は当たり前に私たちの世界に存在している．その「違い」をいかすことができれば，また新たな世界がみえてくるかもしれない．

「インクルーシブ教育」として注目を集める「多様な子どもたちがともに学ぶ教育の形」が目指すのは，多様であることの価値を共有することであるといえる．学校でさまざまな授業をみていると，じつは子どもたちは教室で柔軟に「それぞれが異なることのよさ」をいかしているように思われる．そして，そこには，支え合うよさだけでなく，学びの深まりもみられる．子どもたちと教師がかかわりながらつくり上げるインクルーシブな教室から学び，「多様であることの価値」について考えてみよう．

3.1 多様な子どもたちがともに学ぶインクルーシブ教育

　1994年，スペインのサラマンカにおいて，**ユネスコ**（UNESCO：United Nations Educational, Scientific and Cultural Organization，国際連合教育科学文化機関）とスペイン政府による「**特別ニーズ教育世界会議**」が開催された．この会議において採択された「**サラマンカ声明（宣言）**」では，教育は障害の有無などにかかわらず「すべての」子どもたちの基本的権利であるとしており，国際文書ではじめて「**インクルーシブ教育**」という言葉が明記された．

　この「インクルーシブ教育」とは，どのような教育だろうか．日本では，文部科学省が「障害のある者と障害のない者が共に学ぶ仕組み」として「インクルー

シブ教育システム」という言葉を使っている．一方で，国際社会で使われている「インクルーシブ教育」はより広い意味を含んでおり，ユネスコは「**インクルージョン**のためのガイドライン」(2005) のなかで，「教育におけるインクルージョン」について以下のような説明をしている．

○すべての学習者の多様なニーズに応答するプロセスである．
○主流から外されやすい，排除されやすい子どもたちを含む全ての子どもたちを対象とする．
○学習，文化，コミュニティへの参加を増やし，排除を減らすものである．
○多様性に積極的に応答し，個人の違いを問題としてではなく，豊かな学びの機会としてとらえる．

　つまり，「インクルーシブ教育」とは，**障害**のある子どもたちだけでなく，さまざまな理由により**マイノリティ**となっている子どもたち，教育へとアクセスしにくい子どもたちのニーズに応えていくプロセスであるといえる．そして，その子どもたちの多様性は解決すべき問題ではなく，豊かな学びの機会となるものとして捉えられる．多様であることによって学びがより深まるのである．
　多様な子どもたちが学ぶことによって，どのような学びの広がりや深まりがみられるだろうか．本章では，その学びの様子を，教室での対話から詳しくみていきたい．

3.2　対話による思考の深まり

　授業のなかで，子どもたちがさまざまな発言をするとき，それらがお互いに作用し合い，結びつくことで，子どもたちの思考が深まると考えられる．
　ロシアの教育学者・心理学者である**ヴィゴツキー** (2001) は，子どもたちが考えを深めるときには，単に知識の量が増えるのではなく，量としては捉えられない新しい活動が始まるのだと考えた．たとえば，子どもが生活のなかから自然に習得して使用している「**生活的概念**」と，学校教育のなかで教わり習得していく「**科学的概念**」について，ヴィゴツキーは，絶えず互いに作用し合う緊密に結びついたものであると捉えた (図 3.1)．「生活的概念」は，生活のなかで子どもたちが自然に見出しているものであるため，子ども自身が意識して用いることができず，間違った利用がなされるなどの弱点がある．一方「科学的概念」は高度で正確なものと思われるかもしれないが，「科学的概念」にも弱点がある．「科学的

図 3.1 「科学的概念」と「生活的概念」に関するヴィゴツキーの理論

概念」の弱点は「コトバ主義」といわれるものであり，言葉としては知っているけれど，具体的な内容は理解しきれていない状態のことである．この「科学的概念」の弱点を克服するためには，具体的な内容を備えることが必要となる．つまり，言葉によって教授されるだけでは不十分なのである．だからこそ，多様な子どもたちのさまざまな言葉が重なり合っていくことを通して，具体的な内容として理解していくことが重要になる．

そこで次節では，教室での多様な子どもたちの学びについて，子どもたちと教師が一緒になってつくっていく「対話」の様子から考えていきたい．なお，登場する教師，子どもの名前はすべて仮名である．

3.3 子どもたちの言葉が重なり合う授業

ここで紹介するのは，司城（2021）で取り上げた小学校2年生の国語の授業である．この授業では詩「いるか」（谷川俊太郎作）を扱っている．詩のなかには「いるか」という言葉が繰り返し出てくるが，その意味はさまざまである．子どもたちは詩の響きやリズムを楽しみながら，徐々に「いるか」のさまざまな意味を認識していく．

この授業のなかで注目したのは，国語が苦手なまことさんである．まことさんの言葉から，教室のなかで言葉が重なり合い，深まっていく様子をみていこう．

事例 3-1　いーる，いーらない

　授業のはじめに，担任の山本先生は，「皆がいるかって言ったらまず思い浮かべるのは？」と子どもたちに問いかける．この先生の問いかけは，「いるか」のさまざまな意味への入り口となるものである．

　この時点では，山本先生は動物の「いるか」についての発言が子どもたちから出てくるものと想定していた．しかし，ここでまことさんが「いーる，いーらない」と発言する．それに対して先生は「いるか，いらないか？」と問い返し，周りの子どもたちも「えっ？」と驚いたような声を上げた．しかし，その後すぐに先生は，「あー，でも今まことさんの言葉聞きました？いるか，いらないか，あ，それもあるよね」とまことさんの言葉を受け止め，子どもたちへと返した．

　まことさんは国語が苦手な子どもである．語彙もそれほど多くはなく，自分の言いたいことを言葉で説明することには難しさがある．しかし，ひととかかわることは好きで，自分の発言を聞いてもらいたいという気持ちも強い．聞いたことに素早く反応するまことさんは，思いついたことをパッと口に出す場面も多い．この場面でのまことさんは，言葉の意味よりも，その音の響きに気持ちが向いていて，「いるか」という音の響きから「いるか，いらないか」という言葉を連想し，「いーる，いーらない」と発言したのではないかと思われる．

　まことさんの発言は当初の山本先生の想定とは違っていたが，先生はまことさんの発言を肯定的に受け止め，「いるか」という言葉の意味の多様さというこの日の学習に結びつけたといえる．

事例 3-2　欲しいか，欲しくないか

　山本先生は，まことさんの言った言葉の意味について子どもたちに投げかけたが，言葉を言葉で説明することは子どもたちにとっては難しく，なかなかうまく説明にならない．ここで，それまで黙っていた国語が得意なあかねさんが「欲しいか，欲しくないか」と発言する．それに対して，山本先生は「あー，そうですね，なるほどね．何かお菓子がありました．○○ちゃん，これ，いる？　いらない？　いるか，いらないか．今あかねさんが言ったように欲しいか，欲しくないか」と説明を重ねた．

　まことさんの「いーる，いーらない」をあかねさんが「欲しいか，欲しくないか」と言い換えることで，言葉の意味を言葉で説明するという学習が生まれ，

3.3　子どもたちの言葉が重なり合う授業　　27

「いるか」という言葉に複数の意味があるということを，子どもたちが意識していく．

事例 3-3　存在している

　授業のなかではこの後，詩のなかにでてくる違う意味の「いるか」を探していく．授業の後半では，「よるならいるか」のなかの「いるか」の意味を考えていった．この「いるか」の意味を説明することに子どもたちは苦戦する．

　「夜ならいるかなあって」という発言に対して先生は「訊いてるってこと？」と返す．それに対して「いるか」と「なあ」の間を区切るように「いるか，なあ」というつぶやきが出る．「いるか，いないか尋ねてる」という発言も出てきて，「よるならいるか」の「いるか」は「いる」と「か」に分けられることに子どもたちは気づいていく．

　しかし，そこから「いる」の意味を説明することに子どもたちは再び苦戦する．そこで山本先生は，「最高に難しくなっちゃうけど，『存在しているか』」と新たな言葉を出した．すると，子どもたちの間から「あー」と納得するような声がもれる．

　子どもたちのなかには「存在している」という言葉をどこかで耳にしたことはあった子がいたかもしれないが，その意味はこれまではっきりと理解されてはいなかったのではないだろうか．ここで，「存在している」という言葉の意味が子どもたちのなかで明確に説明できるようになったわけではないが，これまで自分たちが話していたことと「存在する」という言葉とが子どもたちのなかでつながったことが，「あー」という声になったのではないかと考えられる．

　この後さらに子どもたちのなかから「存在している」を言い換える「そこに生きている」という言葉が出てきた．授業のはじめに「いーる，いーらない」と発言したまことさんは「存在している」という先生の言葉はよくわからない様子で聞いていたが，「生きている」という友だちの言葉を聞くと，何かに気づいたように表情を変え，近くの友だちを振り返って話していた．まことさんにとって「存在している」という言葉は理解が難しいかもしれない．しかし，理解が難しい言葉を他の子どもが言い換えてくれることで，その言葉の意味がつながったのではないだろうか．

　ここでの「存在している」という言葉は，単に授業のなかで教えられたものではなく，子どもたちが考えた具体的な内容と結びついたものであり，「コトバ主

義」を克服したものであるといえる.

このように子どもたちのさまざまな言葉がやりとりされ，それを教師が支えることによって，学びが深まる姿が見出される.

3.4　学びの契機となるコミュニケーションのズレ

教室のなかで支援を必要とする子どもたちのなかには，コミュニケーションがうまくいかないと捉えられる子どもがいる．しかし，**コミュニケーションのズレ**は，その場の学習を転換させる力も持っている.

ここでは，司城（2018）をもとに周囲の子どもとのやりとりでズレが生じやすい小学2年生のかずやさんの教室での様子をみていこう．取り上げるのは，夏休み前のクラス・レクリエーションとして水かけ遊びを計画し，その内容について話し合っている学級会の場面である.

事例3-4　水かけ遊びに必要なものは

司会者から「用意するものは何ですか？」と問いかけられると，数人の子が手を挙げ，「バケツ」「タオル」などと答える．それに対してとくに周りの子からの反応はなく，話し合いは淡々と進んでいく.

その後，意見が出なくなった場面で，かずやさんは「あっ」と声を上げた．そして指名されると勢いよく立ち上がり，「水！」と大きな声で答える．その発言に対し，驚きの声が上がるとともに，静かだった教室内がざわざわとし，子どもたちはそれぞれ思ったことを口にし始めた．疑問や否定の声が上がるなか，担任の本田先生はくすっと笑いながら「水，確かにね」とつぶやいた.

それまで淡々と機械的に進んでいた話し合いの様子がここから変わる．何人かの子が手を挙げ，まきさんが指名されて「じょうろ」と言うと，「じょうろ？」と何人かの子が反応する．続いて，りょうさんが指名され，立ち上がり「プラスチックの，なんか」と言いながら座る．他の子は近くの子と顔を見合わせながら「なに？」「プラスチックの」「入れ物？」などと言い合っている．書記役の子はその声を聞きながら，「プラスチックの入れ物」と黒板に書いた.

この事例において，「水かけ遊び」に必要なものとして最初に挙げられた「バケツ」や「タオル」については，子どもたちは何ら悩むことなく淡々と挙げてい

る．また，周りの子もそれに対して賛成や反対，疑問などをさしはさむことはな
く，話し合いは進んでいる．水遊びをするときに必要なものを自分たちの知識の
なかから取り出して言葉として並べていっているといえる．

　このように淡々と進んでいた話し合いは，かずやさんの「水」という発言を契
機として，活気のあるものとなっていく．かずやさんは実際に自分たちが水かけ
遊びをするという場面を思い浮かべながら，必要なものを考えていたのではない
かと考えられる．かずやさんは自分のなかでさまざまなイメージを描き，それを
膨らませていくことで思考するタイプである．イメージが膨らんでいくと，その
場の話からかけ離れてしまうこともあるため，コミュニケーションのズレが生じ
やすいのだと思われる．そんなかずやさんは，水かけ遊びの場面のなかでもっと
も重要なものとして「水」を思い浮かべたのではないだろうか．このかずやさん
の発言は周りの子どもたちに驚きを引き起こす．かずやさんが発言した途端に，
子どもたちの間から「えっ？」という声が上がるのである．他の子どもたちに
とって水は，水かけ遊びの最初から存在しているものであり，用意するものとし
てわざわざ取り上げる必要はないと感じている．一方で，自分たちが水かけ遊び
をする場面を思い描いていたかずやさんにとって，水はその場面の中心にあるも
のであり，欠いてはならない存在なのである．ここにズレが生じている．

　ここで，本田先生による「くすっと笑う」という行為と「確かにね」という肯
定的な発言は，子どもたちの否定的な態度を和らげる役割を果たしている．その
結果，子どもたちの思考は言葉のうえでの「水かけ遊びのために用意するもの」
から，実際に自分たちが遊ぶ場面のなかで本当に必要なもの，欲しいと思うもの
を探すという作業に移っていく．

　実際，かずやさんの発言の後，あらためて挙手する子どもたちが出てくる．そ
して，発言している子ども以外の周りの子どもたちもそのなかでつぶやいたり，
うなずいたりしており，かずやさんの発言前には他の子の発言に何の反応もな
かったクラスの様子が変化したのである．このように他者との間で生じるズレが
対話を引き出し，思考を広げることもある．

3.5　教師の即興的な対応

　これまでに紹介した事例では，教室のなかで支援を必要とする子どもの発言が
学習の深まりの契機になっていた．1つ目の事例では，「いるか」という言葉の
音に着目して連想したまことさんの言葉から，さまざまな意味の「いるか」が重

なっていった．また，授業の後半で教師が示した「存在している」という難易度の高い言葉を理解するためには，友だちの言葉が役に立っていた．2つ目の事例では，イメージを膨らませその場にいるかのように思考するかずやさんのややズレたように思われる言葉が，他の子どもたちの思考を活性化する役割を果たしていた．

そして，いずれの事例においても，教師が子どもたちの言葉をつなぐ役割を果たしていた．教師自身が，子どもたちの多様性を肯定的に捉え，楽しんでいるといえる．

インクルーシブな授業は応答的な授業といわれる．そのような応答的な授業をつくっていくうえで，扱う内容，子どもたちの学年や経験，学級の環境や雰囲気，使える資源などを考慮して授業の計画をつくることは重要である一方で，教師が当初の計画に縛られることなく，学級の子どもたちの反応によってその場で即興的に応答していくことも必要となる（Ainscow, 1999；今井, 2010）．子どもたちは多様であるため，授業のなかで子どもたちが自由に自分の考えを表現していくと，さまざまなことが起こる．そこで当初の計画に固執しすぎると，学習から排除される子どもたちが出てきてしまう．授業は子どもたちと教師によって一緒につくられていくものであると考えると，それらの思いがけない出来事も含めて学習の深まりを支えるものとして大切に扱い，新たな発見として教師も授業の参加者の一人として楽しむことができることが重要になるといえる．

教師が即興的に対応することで，子どもたちの多様な言葉や思考がお互いに作用し合う機会が増える（第4章参照）．その結果，授業のなかで新たに知った「科学的概念」が，自分自身の経験や友だちの経験とつながり，ただ言葉として知っている「科学的概念」ではなく，子どもにとっての真の「科学的概念」になっていくのである．

3.6 多様性を楽しむインクルーシブ教育

「インクルーシブ教育」を進めていくために必要なこと，それは，みんなが多様性を楽しむことではないだろうか．自分の知らない新しいことにめぐり会い，自分が知っていると思っていたことの新たな側面がみえてくる．そのような可能性をひらくものが「インクルーシブ教育」であるといえる．

インクルーシブ教育において，障害のある子どもやマイノリティとされる子どもは支援されるだけの存在ではない．そこには互恵的な関係があり，子どもたち

は「違い」から学び，学習を深めているのである．インクルーシブな文化をつくるためには，固定された文化をただ受け入れるのではなく，そこにいる人々が新たに文化を創り出していくことが重要だとされる（今井，2010；Sebba & Ainscow, 1996）．

多様な子どもたちがかかわり合う教室の至るところに，素晴らしい学びが存在している．そして，そこにインクルーシブな文化がある．

これから教育を学ぶあなたへ

　障害のある子どもは支援されるだけなのだろうか？　大学院生のころ，発達障害の子どもたちとかかわるなかで，自分の思いもよらないような彼らの発想に驚かされ，「面白いなあ」と思いながら，私のなかにそんな問いが浮かんできた．そこで，学校で子どもたちとかかわりながら多くの授業をみせていただいた．そのときに出会った子どもたちや先生の姿はいまでも私の大切な宝物である．それと同時に，自分が子どものころに学校で抱えていた疑問，もやもやした気持ちにも思いを馳せることになった．

　教育を学ぶことは，「出会う」ことであると思う．教育といえば学校の先生になることと思っていた私は，高校生のころに教育そのものについて考える「教育学」というものを知り，心惹かれてここまできた．教育を学ぶことで，それまで知らなかった理論と出会い，さまざまな子どもたちや先生たちと出会い，そして過去の自分自身とは出会い直してきた．

　いま教育を学ぶあなたにも，そしてこれから教育を学ぶあなたにも，心に残る出会いが訪れることを願っている．

引用文献

Ainscow, M.：*Understanding the Development of Inclusive Schools*，Routledge Falmer, 1999

今井理恵：インクルーシブ教育実践の理論的枠組み―イギリスにおける Inclusive Schools 論に着目して，教育方法学研究，**35**，83-92，2010

Sebba, J. & Ainscow, M.：International Developments in Inclusive Schooling: mapping the issues, *Cambridge Journal of Education*, **26**, 11-12, 1996

司城紀代美：特別な支援が必要な子どもを中心とする対話過程にみられる互恵性―ヴィゴツキーの発達と障害に関する理論を手がかりに，ヴィゴツキー学，別巻第5号，15-22，2018

司城紀代美：小学校低学年国語授業における言葉の意味の共有過程の分析―具体と抽象，意味と音声の視点から，ヴィゴツキー学，増刊第1号，69-76，2021

UNESCO：Guidelines for Inclusion: Ensuring Access to Education for All, 2005

Выготский, Л. С.（1934）Мыщление и речь, Лабиринт（ヴィゴツキー（著）柴田義松（訳）：
新訳版・思考と言語，新読書社，2001）

コラム3

子どもたちの言葉や考えが響き合う授業に取り組んでいます

大久保知典

　私は栃木県の公立小学校で学級担任をしています．教師となり10年以上になりますが，授業は大概思ったようにいきません．教室には個性あふれる子どもたちがいて，その子どもたち一人一人の感じたことや考えたことが授業を形づくっていくからです．それはとても素敵なことだと思っています．子どもの言葉はつたなくても本質的だったり，おとなの心さえも動かしたりします．教師という立場ですが，教えてもらうことがたくさんある感覚です．その子らしい振る舞いや感じ方や考え方を大切にしながら授業を行いたいと思っています．

　私の勤務校では，研修の一環として，教師がお互いに授業を参観し，意見交換を行う機会があります．参観させてもらったある授業で，一人一人の理解する過程が違うことがわかる場面を見つけました．そこから「子どもたちの多様な言葉や考えが響き合う授業」に迫れたらと思います．以下の事例の子どもの名前はすべて仮名です．

　今回の授業は，六角柱を用いて十五角柱の頂点，辺，面の数を考えていく学習です．あやかさんは，六角柱の辺の数が18本になることを理解していましたが，6×3で求める理由がわかりませんでした．黒板の前で，友だちや教師が説明をしますが，あやかさんは，3の意味がわからなかったようで，「（六角柱の中に）3ってどこにも書いてないじゃん」と話しています．さらに授業は進みます．面の数について友だちの発表をよく聞いているあやかさん．でも「わたしいまだに6×3の意味がわからない」とつぶやいていました．全体の話を聞きながらずっと考えていたようです．そして，担任の先生が十五角柱の求め方を考えてみましょうと説明をしているとき，あやかさんはグループの友だちに「6×3ってなに？」と尋ねました．「ああ，これ？」とみずきさんは，ワークシートの空きスペースに底面と側面の絵，そして6を3つ書いて説明します．グループ4人が頭を寄せ合って耳を傾けます．「ああそういうことか」

34

> と笑顔になるあやかさん．そしてワークシートに 15 × 3 = 45 と書き，十五角
> 柱の辺の数を求めました．

　授業に参加していても，すぐにはわからなかったあやかさん．みずきさんが図に
示したことで 3 の意味がわかりました．授業をしていると「子どもたちが同じよう
に理解をして，同じように学んでいる」と錯覚してしまうことがあります．わかり
方やタイミング，学びの過程はその子のもので，一人一人異なることをあらためて
教えてもらいました．

　子どもたちは，それぞれ色々な「好き」を持っています．理科の学習でメダカを飼
うときに，好きなことが友だちに伝わって学習が広がっていった授業を紹介します．

> 　ひろきさんは，生き物が大好きな子です．メダカを飼うときにはおとな以上
> の知識でアドバイスをしてくれたり，水槽に入れる生き物を自宅から持ってき
> てくれたりしました．とくに印象的だったのは，メダカのオスとメスの見分け
> 方の熱のこもった説明です．それを聞いた，かいとさんは「見分け方はわかっ
> ていたけど，それをすごい勢いで強調して言っていて，他にもメダカの生態の
> 凄さがわかり，メダカをかわいく思えるようになった．育てるのが楽しくなっ
> た」と学習後の感想を書いていました．

　この授業では，「メダカの種類は？」「メダカは寝るの？」「メダカは何を食べる
の？」など，子どもたちの疑問が次々と出されていきましたが，はじまりは熱く語
るひろきさんでした．かいとさんのメダカの世話が楽しくなったのは，「メダカは
すごいんだ」という気づきです．友だちの言葉から新しい見方を得ることができま
した．また，子どもたちの素朴な疑問がそれぞれの「知っている」を揺さぶり，本
当に知りたい問いをつくることができたと思います．知っている子，知らない子，
双方向に影響し合って学習が広がったことが感じられました．

　教師には，子どもの異なるわかり方があることを理解し，そろっていないことを
認める大らかさ（授業の余白）が求められていると思います．そして大らかさや余
白があることで生まれた子どもたちの多様な考えが授業のなかで認められ，お互い
の学びを深めていくことにつながるのではないでしょうか．そのためには，その子
の言葉と教材をつないだり，授業のなかに位置づけたりする教師のはたらきかけが
大切なのかもしれません．一人一人の学びが教室の学びをより豊かなものにしてく
れます．それらを一緒に面白がれるおとなでありたいです．教師を目指すみなさん
にもその魅力を味わってほしいと思います．

第4章 豊かな学びは，教師とともに良き学び手によってつくられます

木村　優

> ― 誘いのことば ―
>
> 　私たちが教師として，子どもたちに豊かな学びを保障したいと願うなら，子どもたちとのかかわりを通じて自分自身に生じる彩り鮮やかな情動に気づくことが大事になる．私たちはそうした多彩な情動を手がかりにして，自らの思いや気持ちに耳を澄まし，振る舞いを調整することができる．そうすることで，わたしたちは豊かな学びに満ちあふれた空間を創造し，そこで子どもたちの学びへの希求と情熱を引き出していける．子どもたちが居場所感を抱き，安心して学びに没頭できると，子どもたちの能力は次々に開花していく．そして，子どもたちの学びへの没頭と能力の開花は，教師たちの学びへの没頭を後押しし，新たな能力の開花に水やりをしてくれる．豊かな学びは，教師とともに良き学び手によってつくられる．

4.1　情動に満ちあふれた教師の仕事，教えるという営み

　子どもたちの学びと育ちを支える教師の仕事，教えるという営みは，情動（感情）に満ちあふれた実践である．教師は仕事のなかで，とくに，授業における子どもたちとのかかわりのなかで，じつに彩り鮮やかな**情動**を経験する．その情動は，愛情，喜び，楽しさ，興奮，誇り，驚きといったポジティブな情動から，怒り，いらだち，哀しみ，不安，困惑，罪悪感といったネガティブな情動まで多岐にわたる．
　たとえば，教師は授業中に感じた情動を手がかりにして子どもたちの言動の意味を解釈し，その解釈に応じて子どもたちとコミュニケーションを行っていく．こうしたかかわりのなかで，子どもたちが真剣に学び，授業で追究する問いに対して積極的に挑戦する姿をみせてくれると，教師は子どもたちに対する愛情や喜

びを感じることだろう．一方，ある子どもが授業内容からはずれた発言をすると，教師はその発言に困惑するかもしれない．そこで教師は困惑しながらも，先行する他の子どもの発言からみるとどのような思いでその発言がなされたのか，あるいは授業展開のどこに位置づくのかを推測し，その発言への応答を思案することになる．そして，教師からの応答がうまく子どもたちの学びを前進させることにつながれば，教師が経験した困惑は喜びや楽しさへと変わっていくことだろう．逆に，教師からの応答がなかなか子どもたちに響かなければ，教師の困惑はまだ続くか，もしくは苦しみや悔しさへと変わっていくかもしれない．

　子どもたちに対する愛情や喜び，子どもたちとのかかわりのなかで生じる楽しさや興奮といったポジティブな情動は，教職の「**心的報酬**」と呼ばれている（Lortie, 1975, 佐藤ほか訳，2021）．この心的報酬は，給与をどれだけたくさん貰えるかといった「金銭的報酬」や，主任や管理職への出世といった「地位向上報酬」よりも，教師の仕事に対する意欲や活力源になり，仕事へのやりがいを生みだしてくれる大事な報酬である．

　一方，子どもたちの言動に対する怒りや哀しみ，自分自身の教える力に対する不安や失望，子どもたちの学びをうまく保障できなかったという悔しさや罪悪感，これらネガティブな情動が混ざり合うと教師の心とからだの健康がそこなわれ，早期退職や**バーンアウト（燃え尽き現象）**の引き金になってしまう（Kyriacou & Kunc, 2007）．だからこそ，教師が心とからだの健康を保ち，仕事に対する意欲と活力とやりがいを持って子どもたちとかかわり，ともに学び育ち続けていくために，そして，授業のなかで子どもたちに豊かな学びを保障するために，子どもたちとのかかわりから得られる「心的報酬」，すなわちポジティブな情動がとても大事になる．

4.2　挑戦的集中と成長発達のチャンス―フロー体験―

　教師の情動に着目した一連の学術研究で，教師が授業中に楽しさや興奮を経験するとき，「**フロー**」を体験している，という指摘がある．フローとは，「最適経験」とも呼ばれるひとの心理状態のことで，アメリカの心理学者**ミハイ・チクセントミハイ**が発見して概念化したものである（Csikszentmihalyi, 1990, 今村訳，1996）．

　ひとはある1つの活動に深く入り込んでいると，他の何ものも気にならなくなるほどその活動を経験すること自体がとても楽しくなり，純粋にその活動に多

くの時間や労力を費やす．この心理状態がフローである．フローに入り込むことで，ひとは自分自身の行為に集中し，活動に没頭し，状況を自分自身でコントロールしている感覚が高まる．そして，時間経過の感覚が極端にゆるやかになったり，逆に急激になったりする．私たちがある活動に熱心に取り組んでいるときに抱く「ゾーンに入る」「時間がゆっくり進んで物事の動きがスローに見える」「次に起こることが予測できる」という感覚，そして活動が終わった後に「あっという間に終わってしまった」といった感覚，こうした感覚がフローの心理状態である．フローの心理状態にいるときのこうしたひとの行為への集中と活動への没頭は，さらにひとの思考を柔軟にしながら，物事の状態や構成をつぶさに観察するといった**認知能力**の向上をもたらす．そして，フローによって呼び起こされたひとの認知能力の向上は，その場の状況を劇的に変化させる新しい発想を生みだす創造性へと結びつく．

　アメリカの心理学者マーティン・セリグマンが「ポジティブ心理学」と名づけた学問領域でも，とくに物事がうまくまわっているときに生じるポジティブな精神状態は，ひとの**生活の質**（QOL）の向上にとって重要な体験であることを繰り返し提唱してきた．そして，ポジティブな精神状態がひとの心の活力源になって，認知や行動の範囲を広げていくことも明らかになっている（Seligman, 2011, 宇野監修, 2014）．つまりフロー理論は，私たちがよりよく生きていくための**ウェルビーイング**（幸福）の理論であって，同時にひとの潜在能力を最大限に引き出してその能力成長を後押しする発達の理論でもある．

　それでは，ひとがフローを体験するにはどのような条件が必要なのだろうか．フローを体験するには，私たち一人一人が主観的に捉える活動の挑戦レベル，そしてその活動で求められる自分自身の能力レベル，この2つのレベルがより高いところでバランスを保った状態にあることが必要になる（図4.1）．

　もしも，ある活動の挑戦レベルが高すぎて自分自身の能力レベルでは太刀打ちできないと，ひとはフラストレーションを感じて，やがてドキドキと心配になり，ついには不安にさいなまれてしまう．もしも逆に，活動の挑戦レベルが低く，自分自身の能力レベルに余裕があれば，ひとはその状況でゆったりとリラックスできる．けれども，活動の挑戦レベルがずっと低い状況が続いてしまうと，ひとは次第に活動に対して退屈感を覚えてやる気を失ってしまう．さらにもしも，活動の挑戦レベルがあまりにも低すぎて自分自身の能力をまったく必要としない状況になってくると，ひとは活動への関心も失って，もっと挑戦的な違う活動を探し求めることになる．一方，活動の挑戦レベルが自分自身の能力レベ

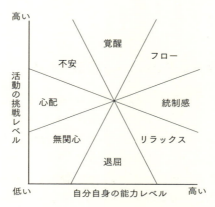

図 4.1 フローチャンネル：挑戦・能力レベルによる経験の質
（Csikszentmihalyi, 1990, 1998 をもとに筆者作成）

ルにマッチすれば，ひとは挑戦意識を湧きおこして自分自身の能力を覚醒させたり，リラックスした状態から状況をコントロールしたりするようになる．そして，ひとはこうした活動のなかで挑戦的集中，すなわちフローへと入り込んでいく（Csikszentmihalyi, 1998）．

このように，フローを体験するには，自分自身の能力レベルからみたときの活動の挑戦レベルに対する意識と目標の設定がとても重要になる．すなわち，ひとがフローを体験するには，達成可能な見通しのある課題に取り組むことが必要で，さらに，活動の挑戦レベルと自分自身の能力レベルのバランス／アンバランスを知らせる直接的で明確なフィードバックを受け取ることが必要になる．

また，フロー体験には挑戦的集中による退屈・不安状況の打破と能力覚醒と並んでもう1つ重要な側面がある．それは，ひとはフローを体験することで，自分自身の能力をさらに伸ばすために活動の挑戦レベルを上げることができる，ということである．すなわち，フロー体験にはひとの能力の限界値を上げる発達の側面がある．

チクセントミハイによると「ひとたびこの喜びを味わうと，我々はその喜びを再度味わうための努力を倍増させ，（中略）フロー体験によって自己の構成はより複雑に」（Csikszentmihalyi, 1990, 今村訳, 1996, p.53）なるという．一度フローを体験した活動が続けば，ひとはその活動に慣れていき，覚醒状態やコントロール状態を維持しながら次第にリラックスして活動に取り組むことができるようになる．このリラックス状態への気づきが能力発達のチャンスである．活動の目標を再設定して挑戦レベルを引き上げる．そこで自分自身の能力を最大限に発揮して，もう一度フロー状態へと入り込む．こうすることで，ひとは自分自身の能力

を発達させる機会を得る.

4.3 授業における教師と子どもたちのフロー体験

それでは，授業における教師と子どもたちのフロー体験を想像してみよう．まず，教師側の視点から想像してみると，教師は楽しさや喜び，愛情や幸福感といったポジティブな情動を強く経験してフローを体験するとき，自分自身の働きかけやかかわりに対する子どもたちの反応から明確なフィードバックを受け取る．そして，そこで生じたポジティブな情動に伴って，授業実践への意欲や活力が増し，思考が活性化し，授業展開や子どもたちの学ぶ状況を瞬時に見極め，即興的で創造的な授業を行うことが可能になる．

一方，子どもたち側の視点から想像してみると，子どもたちは学ぶ内容や学び方に楽しさを見出し，驚きや喜びといったポジティブな情動を強く経験してフローを体験するとき，教師やクラスメイトと設定した興味深い学習課題に没頭して，教師やクラスメイトから自分自身の意見や活動に対する明確なフィードバックを受け取る．そして，そこで生じたポジティブな情動に伴って，学びへの意欲や興味関心が増大し，思考が活性化し，子どもたちはこれまで学んできたことと新しく学んでいることの意味をつなげ，教師やクラスメイトの意見も取り入れながら，教師とクラスメイトとの協働探究に没頭することが可能になる．

このように想像してみると，授業における教師のフロー体験も，子どもたちのフロー体験も，どちらか一方の活動の挑戦レベルが活動者自身の能力レベルとバランスがとれることで生じる，というわけではないように思える．つまり，教師と子どもたちのフロー体験は互いの挑戦的な活動が結びついて生じる，と考えることができる．そして，教師にとっても子どもたちにとっても，互いのフロー体験が授業を活性化させるとともに互いの学びと成長を後押ししていると考えることができる．

そこで，木村（2011）の「授業における高校教師のフロー体験に内在する実践的意義」の研究から，実際の授業におけるフロー体験がどのようにみてとれるのか，そして，フロー体験が教師と子どもたちにとってどのような意味を持つのかを深掘りしていこう．この研究では，高校の社会科の授業を取り上げ，10名の教師が実施した各4回ずつ，計40回分の授業における教師と子どもたちの活動の様子の分析を通じて，授業における教師のフロー体験を検討している．なお，以下に示す教師と子どもたちの名前はすべて仮名である．

4.4 授業における豊かな対話と子どもたちの学ぶ姿

　社会科の授業では，教師は現実生活の問題を題材にして子どもたちと対話する機会があり，さらにそうした問題を追究するために子どもたち同士の意見の交流を促すことが多くなる．そのため，対話を大事にする社会科の授業では，教師—子ども間，子ども—子ども間のやりとりが多くなり，複雑にもなる．このやりとりの多さと複雑さから，とくに子どもたちの対話を重視する高校の社会科教師たちは授業中に多彩な情動を経験すると考えられる．そこで木村（2011）の研究において，10名の高校・社会科教師の授業観察とそれにもとづく授業中の経験を尋ねるインタビューを行ったところ，教師たちは喜び，驚き，楽しさ，心地良さ，満足感の5種にわたるポジティブ情動，いらだち，哀しみ，不安，退屈感，落胆，苦しみ，困惑，罪悪感，悔しさの9種にわたるネガティブ情動を経験していた．

　こうした多彩な情動を教師たちが経験していた理由は，予測通り，授業のなかでの子どもたちとの対話のやりとりが多いためだった．研究では，計40回の授業で教師と子どもたちの発言数は合計1万5157回，うち教師7152回，子どもたち8005回だった．教師と子どもたちの発言数がもっとも多かった授業では両者の合計発言数が783回にのぼり，うち教師298回，子どもたち485回だった．このように，授業における子どもたちとの豊かな対話が教師たちに多彩な情動をもたらしていた．

　それでは，教師が授業中に楽しさを感じ，フローを経験する授業では，具体的にどのようなことが起こっているのだろうか．前節で述べたように，教師も子どもたちも学習課題を追究するなかで，それぞれ働きかけや意見に対して明確なフィードバックを受け合い，創造性に満ちあふれた協働探究に没頭しているのだろうか．そこで木村（2011）では，計40回の授業における教師たちの経験の質を確認し，教師の経験がフロー状態に近づいていた授業において，教師はどのような働きかけを行い，子どもたちがその働きかけにどのような反応をしているのかを分析した．

　その結果，教師の経験がフロー状態に近づいていた授業では，子どもたちが教師の説明を熱心に聴いたり，教師の問いかけを受けて自発的に発言したり質問したり，学習課題を追究するためにクラスメイト同士で相談したりしていた．また，普段はおとなしい子どもたちが積極的に発言したり，学習課題をじっくり考える姿をみせたりしていた．こうした子どもたちの学ぶ姿についてどのように感じていたのかを教師たちに質問したところ，子どもたちが積極的に授業に参加する姿

を目の当たりにすることで，教師たちは喜びや驚きといったポジティブな情動を感じていたことがわかった．このように，教師の経験がフロー状態に近づいている授業では，教師は自ら積極的に子どもたちにかかわりながら，子どもたちの積極的に学ぶ姿から自らのかかわりに対する明確なフィードバックを得ている．

しかし，子どもたちの積極的に学ぶ姿がたくさんみられた授業であっても，いつも教師の経験がフロー状態に近づくわけではなかった．子どもたちがよく発言し，積極的に意見を述べていた授業を振り返った一人の教師は，その授業のなかで子どもたちから出された意見のうち，1つだけ異なる意見があったのに，それを取り上げなかったことを「決定的なミスだね．悔いが残る」と述べて反省していた．この教師の振り返りはとても重要なことを私たちに教えてくれる．

たとえ同じ内容と展開で教師が授業をデザインしたとしても，クラスが違えば教室にいる子どもたち一人一人の個性が異なるし，同じクラスで授業を行ったとしてもその時々で子どもたちの思いや気持ちは異なる．そのため，子どもたちがどのような意見を述べるのか（あるいは述べないのか），どのような反応をみせるのか（あるいはみせないのか），こうしたことを教師が完全に予測して授業を行うことはできない．授業という営みの本質は，同じことが二度とそのまま再現されることがない，一回限りの実践なのである．つまり，教師にとって授業のなかで最大限に発揮する必要のある能力は，その場その場で立ち現れる，子どもたち一人一人の個性あふれる言葉や振る舞いの意味を瞬時に判断して，必要な働きかけやサポートを即座に実行する「**即興性**」なのである（第3章参照）．それゆえ授業のなかで，子どもたちと教師が互いに学びに没頭し，フローを経験して豊かな学びに満ちあふれた空間をともに創造できるかどうかは，子どもたちの発言や振る舞いに対して教師がどれだけ即興的に対応できるかにかかっているのである．

4.5 即興の対話が生みだす教師と子どもたちの挑戦的集中

子どもたちとの対話をベースに教師の即興性がみられた授業場面として，藤巻先生と高校2年生による世界史の授業の一連のエピソードを紹介しよう．授業のテーマは「ニクソンショックの展開と影響」である．1970年代のアメリカでは，景気が後退するなかで物価上昇が同時に進行する「スタグフレーション」が起こりドルの価値が下がった．当時は固定相場制の1ドル360円だったことから，一人の生徒（小坂くん）が「当時のひとたちが価値の下がった金を買った」と述べ，議論が始まった．この場面をエピソードとして示す（ここから具体的な高校

42 第4章 豊かな学びは，教師とともに良き学び手によってつくられます

の授業場面エピソードのため,「子ども」ではなく「生徒」と表記する). なお,教室には 37 人の生徒たちがいて,机をコの字型にして向き合う態勢で授業が進められていた.

事例 4-1　生徒たちの誤った理解と対話から始まる協働探究

　黒板前の教壇にいた藤巻先生は教室全体を見回して生徒たちに確認する.

　「ちょっと考えてみようか. 小坂くんのところは,ドルの価値が下がれば固定相場制だから金の価値も下がるんだと.」

　佐山くんが「下がらなくね?」と応答するが,小坂くんは「金の価値が下がらないけど値段が下がっちゃうっていうかさ」とさらに見解を述べる. 武田くんが笑顔を浮かべながら「それ,固定相場制じゃない」と小坂くんに言う.

　すると,すかさず教室中央一番前の平野さんが話し始める.

　「だから 35 ドルじゃないですか. 35 ドル自体の価値が下がっちゃう. たとえば,(金が) 1 万 2 千円 (くらい),(1 ドルが) 360 円だったら,35 ドルって高かったじゃないですか? ドルの価値が下がるってことは,たぶん 1 ドル 100 円くらいになるとしたら,3500 円で買えるわけですよね? そしたら安く買えるじゃないですか,金.」

　「えっ? え〜?」と,藤巻先生は困惑の声を上げる. すると,小坂くんが説明を加える.

　「だから,スタグフレーションで物価が上がって,ガム 1 個 35 ドルになる. ガムと金が一緒の値段だったら,金買っちゃおうぜベイベー,って感じになるんじゃないの?」

　生徒たちはそれぞれ前後左右のクラスメイトと相談を始める. そのなかで,藤巻先生は黒板に [35 ドル] と板書してから少し考え,生徒たちのほうへ振り返って苦笑いを浮かべながら「えっ? わかんなーい」と口にだす. 生徒たちも口々に「わかんなーい」「えー」と藤巻先生に応答する. 高田くんは「株と一緒,株と. 株と一緒」とみんなに言う.

金 1 オンス 35 ドルの固定相場制を維持したままスタグフレーションが起こると,仮説的に 1 個 35 ドルに値上がりしたガムと金の価格が同一になる. そのため,小坂くんと平野さんが「ガム 1 個と同じ値段で金が安く買える」と誤った理解をしていた. ここで,藤巻先生は生徒たちの発言に耳を傾け,困惑を示しながら「分からなさ」を率直に認めたことで,生徒たちの相談が始まり,藤巻先生と生徒たちが一緒に固定相場制の仕組みを探究する様子がみられるようになる. そ

4.5　即興の対話が生みだす教師と子どもたちの挑戦的集中　　*43*

して，教室中に生徒たちの言葉が飛び交うなかで，事態は急展開を迎える．

事例 4-2　つぶやきのキャッチと協働探究

　教室のあちこちで生徒たちが固定相場制の仕組みについて相談するなか，教室廊下側後方に座っていた藤井くんが「固定されているんだから，戻るお金も同じじゃん」とボソッとつぶやく．

　平野さんが「戻るお金も 35 ドルじゃん」，高田くんが「だからだから，そのときの…」と応答するなか，藤巻先生が勢いをつけて言う．

　「ちょっとちょっとちょっと！　藤井くん，説明してよ，みんなに．」

　「だから，1 回 35 ドルでガムの価格も 35 ドルだとしても，たとえガムの値段がまた 10 ドルに戻ったとしても 1 回買った 35 ドル 1 オンスっていう価格は変わんないんだから，最終的にはずっと同じなんじゃない？」

　この藤井くんの説明を聴いた平野さんは「てか別に…，うん」と応答し，平野さんのはす向かいに座っていた辻本さんも力強く「うん！」と応答する．

　藤巻先生は笑顔を浮かべて生徒たちに問いかける．

　「いやだからさ，ガムが 1 個 35 ドルだったら，ガムの価値は上がるから，ガムで金を買えるわけでしょ？　だから，そのときに金を買っておくっていうのはわかるよ．ガムで買えちゃうから．」

　この藤巻先生の問いかけに武田くんが付け加える．

　「そう，だからその金を買っておこうっていう思考は，金の価値がもともと高いものだっていう思考があるから，いま，安くなっているもので，高いものが買えるから金を買おうっていう思考になるんじゃないのかな．」

　すると平野さんが閃いたような笑顔をみせる．

　「そっか！　だって金は変わらないんだよ．35 ドルって金額は！」

　この平野さんの理解を聴いた佐山くんが笑顔で「そうだね！」と応答し，高田くんも笑顔で「それはわかる．それは．数字上ならそれはわかる」と応答する．

　事例 4-2 の冒頭，藤巻先生が藤井くんのつぶやきを瞬時に捉えた．ここで藤井くんの見解が共有されたことで，生徒たちは固定相場制の仕組みを理解し始めた．武田くんが固定相場制のなかでの人々の金に対する考え方を付け加えたことで，事例 4-1 で固定相場制について誤理解をしていた平野さん，高田くんの理解も促されたことがわかる．このように，藤巻先生は生徒たちの意見を丁寧に聴きながらそれぞれの理解の程度を見極めつつ，藤井くんのつぶやきを素早くキャッ

44　第 4 章　豊かな学びは，教師とともに良き学び手によってつくられます

チして即興的に彼に説明を求めることで，子どもたちと固定相場制の仕組みを協働探究していった．

　授業後，藤巻先生は「最後の議論のところ，確かあと20分か15分前のところですよね．そこは楽しかったですね．嬉しかったのは議論のところの生徒の発言ですよね．平野さんと武田くんと高田くんと小坂くん，他にも何人かいましたね」と語っていた．一連のやりとりのなかで，藤巻先生は生徒たちとの議論に楽しさを見出し，生徒たちの自発的発言に喜びを感じていたのである．また，この授業終了直後も藤巻先生と生徒たちの話し合いは続き，休み時間にも議論を続ける生徒たちがたくさんいた．

　教師と子どもたち，双方にとって未知の課題に取り組むことは難しく，不安や迷いや困惑を感じる活動ではある．けれども，課題解決に向けて**協働探究**することで互いに共有できる楽しさや喜びが芽生え，ともにフローを体験しながら時間の経過を忘れて学びに没頭できるのである．

4.6　豊かな学びは，教師とともに良き学び手によってつくられる

　本章では，授業における子どもたちと教師たちのかかわりとコミュニケーション，そして，そこで子どもたちと教師たちが感じ発する豊かで多彩な情動を「フロー」の視点から捉えることで，教育のアリーナで繰り広げられる豊かな学びが，教師とともに良き学び手によってつくられることをみてきた．

　本章の冒頭で確認したように，フロー理論は「私たちがよりよく生きていくためのウェルビーイング（幸福）の理論であって，同時にひとの潜在能力を最大限に引き出してその能力成長を後押しする発達の理論」である．私たちが教師として，子どもたちに豊かな学びを保障するためには，子どもたちとともに学びに没頭し，よくわかっていない，想定もしていなかった，いまだここにない学びを協働探究することが大切になる．この協働探究が子どもたちにも教師たちにもフローを導き，教室と学校をはじめとした教育のアリーナを互いに学び合い育ち合うコミュニティへと変革していく．

　いま，そしてこれからの教育では，この学び合い育ち合うコミュニティのメンバーは子どもたちと教師たちに限らない．保護者も，地域の人々も，学校を支援する多様なステークホルダー全員がこのコミュニティのメンバーになる．互いに学び合い育ち合うなかで聴こえる私たちの情動の声に耳を澄まし，豊かな学びとウェルビーイングを協創し保ち続けていこう．

これから教育を学ぶあなたへ

　教育は人々，生物，地球全体のウェルビーイングを実現するためのもっとも大切な営みである．とくに，教育の専門家である教師たちの使命は，世界中のあらゆる国や地域で前代未聞なほどに重要になっている．教師こそが，人々，生物，地球全体のウェルビーイングを実現するエージェントなのだ．これまで，教師は教室のなかで孤立して授業を行うことが多く，子どもたちの学びと育ちへの責任を一身に背負い，そして孤独を強いられてきた．しかし，現代の教師はもはや孤独な専門家ではない．教師は子どもたちと同僚をはじめ，さまざまなステークホルダーと助け合い，学び合い，新しい価値を協創する専門家なのである．いまこそ教育の協創の営みへ足を踏み出そう．私たちの協創の力で，世界はもっとよりよくなるから．

引用文献

Csikszentmihalyi, M.：*Flow: The Psychology of Optimal Experience*, Harper and Row, 1990（今村浩明（訳）：フロー体験―喜びの現象学，世界思想社，1996）

Csikszentmihalyi, M.：*Finding Flow: The Psychology of Engagement with Everyday Life*, Basic Books, 1998

木村優：授業における高校教師のフロー体験に内在する実践的意義，教育方法学研究，**36**，25-37，2011

Kyriacou, C. & Kunc, R.：Beginning teachers' expectations of teaching, *Teaching and Teacher Education*, **23**, 1246-1257, 2007

Lortie, D. C.：*Schoolteacher: A Sociological Study*, The University of Chicago Press, 1975（佐藤学・織田恭之・黒田友紀・佐藤仁・榎景子・西野倫世（訳）：スクールティーチャー―教職の社会学的考察，学文社，2021）

Seligman, M. E. P.：*Flourish: A Visionary New Understanding of Happiness and Well-being*, Atria, 2011（宇野カオリ（監修）：ポジティブ心理学の挑戦―"幸福"から"持続的幸福"へ，ディスカヴァー・トゥエンティワン，2014）

コラム**4**

主体的対話的で深い学びを
ともにつくっています

村上　恭子

　私の勤務校は，1学級35名，全校生徒420名の中規模の中学校です．図書館は普通教室の2.5倍と狭いですが，そこに約2万3000冊の本がひしめいています．中学生にとって読書や図書館のイメージは，「お勉強」につながりがちですが，本校の場合，人気の漫画や最新の雑誌，将棋やチェス，オセロ，ルービックキューブの存在が図書館への敷居を低くしており，昼休みともなると，大勢の生徒が図書館にやってきます．

　しかしここ数年，本の貸出冊数が減っています．あらゆるコンテンツを扱えるスマホの登場で，活字の本は形勢不利，時間をかけて読むことを楽しむ，あるいは必要な情報を見出したりすることは面倒と感じる生徒もいます．「本」がもたらしてくれるさまざまな恩恵を知っている司書としては，必要があれば「本」を読めるひとであってほしいと思います．そのため授業との連携は欠かせません．本校の生徒たちもそうですが，普段はなかなか読まない種類の本であっても，必然性があればしっかりと読み，調べると感じています．そこで，このコラムでは，主体的対話的で深い学びをつくるための**学校図書館**の役割と**学校司書**の働きについて紹介したいと思います．

　主体的対話的で深い学びをつくるためには，担当教師との打ち合わせが欠かせません．教師から授業のねらいを聞き，「どんな資料を用意したらいいのか」「何時間ぐらいかけてその内容を取り扱うのか」「生徒の発表はどのように行うのか」「グループ構成はどうするのか」などを話し合うことで，授業の内容や展開が少しずつみえてきます．毎年扱われる内容の場合，その分野の資料が充実していきますが，はじめてのテーマの場合は圧倒的に資料が足りません．公共図書館や他の附属学校から一時的に資料を借りることもあれば，大急ぎで新刊を購入することもあります．そして授業がある日にカウンターの展示コーナーに関連図書を並べると，生

徒から「これ何年生の授業?」とよく尋ねられます．常に心がけているのは，同じテーマでも，わかりやすい小学校高学年向けの資料から一般書まで用意することです．場合によっては絵本も役立ちます．たとえば歴史の授業で江戸時代について調べるときには，歴史に加えて，江戸時代の人々の衣食住，美術や科学など，切り口が違う本が十分に揃っていることで，生徒は自分の興味や関心を持てる本を選ぶことができます．このように生徒が授業テーマに関連して，興味や関心を持てる本と出会える環境を整えることが主体的な学びに向かう最初の一歩になります．そして調べることをスタートにして，そこから自分たちの考えをつくっていき，発表し，それを聞いてまた議論し，最終的な自分の考えをレポートにまとめるといった対話的で深い学びにつながるのが，図書館という場の持つ力といえます．

　ときには，教師とともに一から授業をつくることもあります．以前，家庭科の先生から，絵本を使って授業をしたいと相談されたことがあります．そこで，絵本が幼い子の成長にどのような役割を果たすのかを考察し，特定の年齢を想定して，自分が読んであげたい絵本を 1 冊選んでもらうことにしました．新たに赤ちゃん向けの絵本や，絵本と幼児の成長との関連について書かれた本も購入し，よかった本をお互いに紹介し合いながら，2 人で単元計画を練っていきました．授業の最初は，多くの幼児向け絵本を用意し，絵本の世界に浸ってもらうことから始まり，幼い子にとっての絵本の果たす役割や，幼児の成長の過程を調べて，理解を深めました．下の写真は，単元の最後にお呼びした NPO 法人「ブックスタート」の職員の方のお話に聞き入る生徒の様子です．その後，この授業での学びを受けて，生徒たちは中学校の近くの保育園児を招いて読み聞かせを体験，国語の授業での絵本の POP 作成，さらにはそれを図書館や学外の絵本専門店に展示することができました．学校図書館に司書が常駐していればこそ，こうして先生や生徒のいまに寄り添えます．

　こうした「**授業支援**」は，文部科学省の「学校図書館ガイドライン」(2016) にも明記されている学校司書の仕事の 1 つですが，まだ十分に周知されていません．そこで 2009 年に「先生のための授業に役立つ学校図書館活用データベース」

(https://www2.u-gakugei.ac.jp/~schoolib/htdocs/) を立ち上げました．ぜひ本コラムで紹介したこと以外にも，すべての子どもたちにとってもっとも身近な「学校図書館」で，どんな学びが行われているかを知っていただけたらと思います．

第5章 教師になることは，ゴールではなく，新たな学びのスタートです

坂本　篤史

━━誘いのことば━━

　教師は，子どもたちの学びを支える仕事であるが，さまざまな子どもたちとの出会いを通して自身も学び続けていく．出会う子どもは一人一人多様であり，学級の雰囲気などもさまざまである．そのため，子どもたちに応じた授業を実践していくためには，子どもから学びつつ，自身の授業力量を高めていくことが求められる．

　では，具体的にはどのような機会があるだろうか．ここでは，校内研修として行われる授業研究会に着目し，教師が授業力量をいかに高めているかについて述べていく．

5.1 授業における教師の学び

5.1.1 教師の力量とは何か

　教師の仕事においては，制度やルールで簡単に判定できない，多様で，リアルで，複雑な出来事が日々の流れのなかで不意打ち的にも生じる．たとえば，子どもがとても素敵なことを報告してくれたとき，教師としては心からうれしくなる一方で，その子にどう応じるかも瞬時に判断して実行することが求められる．**教師の力量**は，わざをどれだけ知っているかだけではなく，その判断の深さに現れる．つまり，変化し続ける状況を読み解き，ここで問題になっていることは何なのかを的確につかむ力量である．そのために変化する状況の把握とそれに応じた手立てに関する引き出しをどれだけ持っているかが重要となる．

　このような教師の実践は「**省察的実践**」（Schön, 1983, 柳沢・三輪訳, 2007）と捉えられてきた．省察的実践とは，さまざまな状況の変化に応じて，何が起

きているのかをつかみ，その状況に応じたわざを用い，さらなる状況の変化をみて，見出した問題が的確だったかどうかを検証する，ということをほぼ暗黙的に思考しながら実践を重ねる実践のあり方である（第6章参照）．

このような省察的実践は，技術的合理性と対置される．技術的合理性においては，教師の実践は，優れた技術の合理的適用と考えられる．そのことを前提とすると，教職志望学生は，大学の学部段階でさまざまな技術を習得することが目指されることになる．しかし現実には，さまざまな技術を適用しようとしてもうまくいかないことが多い．もちろん，技術が必要ないわけではないが，現実の授業の状況はかなり複雑であり，まずはその状況を把握することが求められるからである（第3章＆第4章参照）．

教師の現場は，「『高台』というより，『泥沼』である」という話をすると，多くの現職教師は首肯する．つまり，大学で学んだ理論やわざは明確で綺麗であるが，あくまで「高台」の話であって，現実の学校現場はさまざまな出来事のなかでもがく「泥沼」であり，「高台」とは大きなギャップがある，ということである．初任の教師が理論と現実の間で苦しむことは，実際に報告されている（たとえば姫野，2023）．初任教師が，大学で学んだことをそのまま技術として適用することには，いくつものハードルがあり，それが学校現場の特質であるともいえる．

5.1.2 省察による教師の学び

省察的実践を高めるために，鍵となるのが**省察**（reflection）である．教師たちは明示的にも暗黙的にも，日々の授業実践からの学びがある．子どもたちとかかわりながら授業の実践経験を積む過程において，授業中の自身の判断や，授業中の出来事を振り返るなかで，子どもの学びや授業への理解が深まり，習熟していく．そして，多様な子どもたちとかかわり，そのかかわりを振り返るなかで，**子どもをみる視点**と**子ども理解**も豊かになっていく．

しかし，自分だけで自らの授業を振り返ると，合理化のリスクもある（Loughran, 2002）．つまり，結果的に，自分に都合のよいように解釈をしてしまう可能性がある．そうすると，授業実践から柔軟性が徐々に失われていき，決まったパターンの授業しかできなくなってくる．そこで，**授業研究会**という他者とともに省察する場が重要になる．

日本の多くの学校においては，伝統的に，校内研修としての授業研究会が行われている．授業研究会を簡潔に示せば，事前の指導案の検討会，研究授業の実施と参観，事後の協議会という流れである．ただし，それぞれのやり方は学校や状

況によっても異なる．

授業研究は，明治時代に日本で生まれた文化である．その授業研究が**Lesson Study**として，1990年代末から2000年代初頭ごろにかけてアメリカに広がり，その後，東アジア圏にネットワークを広げ，ヨーロッパのいくつかの国々においても各国の取り組みと結びつきながら，各国の文脈に根ざしてローカライズされている．このように日本の教師の学びの文化が，国際的な広がりをみせている一方で，実際の学校現場の一部では，さまざまな要因により，授業研究が日常の授業と切り離され，いわば「儀式」的になり授業研究自体が自己目的化するという形骸化が指摘されるところでもある（鹿毛・藤本，2017）．それゆえこのような形骸化から脱し，教師の学びの場として授業研究会を再び創り直すことが求められている．

こうした授業研究会のなかでも，とくに事後の協議会が注目されている．なぜなら，検討の対象となる授業について，それぞれの教師がさまざまな視点にもとづく多様な考えを持ちながら対話することで，教師同士の省察が深まる機会となるからである．とくに，他者の視点と自身の視点との間に葛藤が生じ，その葛藤を乗り越えていこうとするところに省察の深まりが生じる．

そして，このような教師同士の学び合いが授業研究会でなされることで，教師同士の授業についての考え方が共有され，互いの視点への理解も深まり，日常的に同僚として学び合い高め合う関係性，すなわち**同僚性**が築かれていく．とくに教職にはじめて就くと，すべての授業が，新たな試みとなることが考えられる．そのひとつひとつをすべて振り返っていたのでは，苦しくなるばかりである．それゆえ，近くにいる同僚教師たちに学ぶことも必要となる．

したがって，大学の教員養成課程で身につけるべきことは，自分の経験から学び，他者から学びを得るための方法である．**リアリスティック・アプローチ**を提唱したオランダの教師教育者コルトハーヘンは，「もし教師がこの姿勢を身につけ，省察を通して自分たちの経験から学ぶスキルを獲得したなら，彼らはいわゆる成長し続ける力をもつことになります」（Korthagen et al., 2001，武田監訳, 2010, p.58）と述べる．省察を重ね自分の経験から的確に学ぶことで，場当たり的にならず，着実な成長を望むことができる．しかし，省察だけを行っていればよいのではない．同時に，コルトハーヘンは次のことも指摘している．「技術的な能力は省察のための前提条件であり，教師が安心して省察に集中できるようにする基盤となるものと考えられます」（Korthagen et al., 2001，武田監訳，2010, p.59）．つまり，具体的な方法の知識や，それを実践できることも，省察を支え

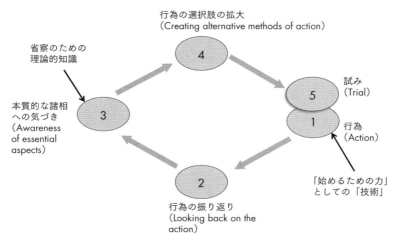

図 5.1 ALACT モデル（Korthagen et al., 2001，武田監訳，2010）

るために必要となる．ただし，ここで重要なのは，技術習得のための省察ではなく，あくまで，省察を中心として，そのために技術があるという関係性である．そこでコルトハーヘンは，教師の学習モデルとして **ALACT モデル**を提唱している（図 5.1）．

　ALACT モデルは，5 つのフェイズの流れになっている．授業を取り上げて説明する．まず行為として授業の実践がある．授業を行うためには，授業に関する技術，わざがもちろん必要である．そして，授業後には，授業の振り返りを行う．ここで気をつけるべきは，2 番目の「行為の振り返り」からすぐに 4 番目の「行為の選択肢の拡大」や 5 番目の「試み」に行かないことである．なぜなら次の 3 番目の「本質的な諸相への気づき」がもっとも重要なフェイズとなるためである．この 3 番目のフェイズのなかでも，自分自身の授業の意味や，そこで起きた出来事への省察を一段と深めることが重要となる．表面的な行動とその結果にとらわれず，深層にある教師の信念，**授業観**などへの気づきに至るために，さまざまな理論（学術的な理論だけでなく，日本においては授業研究でつくられてきた**実践知**も含まれうる）を用いる．なぜなら，教師が授業で行ったことは，単にその技術を用いたということだけではなく，状況全体を捉えたなかで，ある技術が使用されているからである．したがって，授業の改善のためには，そもそも授業の状況についてどのように捉えたのかという教師の問題認識を問い直し，新たな視点を獲得することが求められる．それゆえ，4 番目は，「行為の選択肢の拡大」となる．つまり，状況の捉え方そのものの視点を豊かにしていくことで，ま

たそれに応じた方法への理解も深めることで，今後起こりうるさまざまな状況への対応の幅が広がることになる．その選択肢を広げた結果として，新たな状況に臨むことが「試み」となる．

こうした一連のサイクルが授業に関する**教師の力量形成**へとつながる．それゆえ教師になってからも，授業を通して学び続けることになる．

5.2 授業研究会における教師の学びの様子

では，実際に事後協議会において，教師たちがどのように授業を振り返り学んでいるかをみていこう．

表5.1は，ある公立中学校の英語科授業における教師たちの事後協議会の記録の一部である．授業者はIである．授業を参観していた教師Aが，授業時に撮影した子どもの様子の写真を用いて授業の様子を振り返りながら，ポスターづくりで子どもたちが辞書を使って考えている一方で，少しずつ頭を抱える様子を語っている（表5.1の149）．

その状況に対し，授業者Iは152で単語がわからないことと，表現の仕方がわからないことを述べ，154では，単語がわからないことに対して，「片仮名で書いてもいい」「あとで英語で直してやるという方法」といった代案を考えていた．それに対し，155で参観者Aは教師が大変になってしまうことを指摘し，156で授業者Iも「そうそう」と同意している．その後のやりとりで，和英辞典が用意されていなかったことが指摘されたとき，授業者Iは，162下線部で自分自身が和英辞典を英語科教師としての「個人的」な思いから用いてこなかったことを省察し，164では，本日の学習活動においては教師自作の単語集などが必要だった，と振り返っている．

教師Aと授業者Iは中学校教師であり，担当する教科が異なるにもかかわらず，授業について検討することができ，学びが生まれている．これは，写真で実際の子どもの学びの事実を共有していることにより，参観した教師と授業者がともに同じ土台のうえで話すことができるようになり，教科を超えた話し合いになったからであると考えられる．

このように子どもたちの学びの姿にもとづいて，何が問題であったのかを同僚教師とともに省察し，学び手である子どもたちの視点から，教師自身の授業実践における判断や教科学習として何が重要なのかを問い直す営みのなかに教師たちの学びがあるといえる．

表 5.1 事後協議会の記録

No.		発言内容
147	A	これがポスターになってきて，それぞれ自分で持ってる辞書なんかを使って一生懸命考えたのね.
148	Y	辞書と，教科書の後ろの単語と.
149	A	はたして，このポスターを書くということに対して，子どもたちが本当に意欲を持っていたかどうか．最初聞いたときは，なんかポスター作るぞということにわーっと思ったけども，ここまで来て，授業後半，残り 12〜13 分になったときに，やっと本文のいちばんやるべき課題になったときに少しこうなって（頭を抱えて）いった．それはなぜなんだろうかと考えると.
150	I	難しかったのか.
151	A	課題が難しかったのか．本当に難しいのか．何が難しいと思います？　今回.
152	I	あとは，まず単語がわからないというのもひとつの理由じゃないと思うんですけど，いくつかあるうちの理由のひとつは，表現の仕方がまずわからない.
153	A	ん？　表現の仕方は，なんだっていい.
154	I	じゃなくて単語．例えばあいさつするとか，そういう単語はわからないというのが，まず，1 人でまず書けないというのが．だから私，そこがもしかしたら，そこの部分，わからない単語は片仮名で書いてもいいよとか，日本語にしても，とりあえずしておけとも言っておきながら，回っといて，そして，あとで英語で直してやるという方法もあったかなと思って.
155	A	つまり，そのときに先生，大変になりませんでした？　いろんな人からそういうふうな質問を受けて，1 人で個別支援ができない状況になってしまって苦しくなった.
156	I	そうそう
157	A	なぜでしょう．辞書は全員持ってました？
158	I	持ってますけど，でも，あれは英和辞典なんですよ．和英辞典というのは持ってない.
159	A	であるならば，今回の課題は，自分で表現したいことを命令文でやるんだから，全員が和英を持ってなくちゃいけないだろうし，和英を持ってないのであれば，また別な準備は最低限必要．でなかったら，知らない英単語を使って表現したいわけでしょう．そこは………
160	I	そうですね．それを準備しておくべきだったかな．和英というのは買わせてないし，持ってない.
161	A	図書室には？
162	I	図書室にも人数分はないと思います．そんなに辞書，たぶん，ちゃんと調べてないけど．でも，和英というのは，私もあまり，実は個人的にあまり好きじゃないんです.
163	A	ただ，今回の学習内容でメーンにしてるのでは，絶対ないと，個別支援が負担になるでしょう.
164	I	必要だったので．だから，例えば単語集みたいなやつを私が作って，表でもこういうやつで，あいさつするとか，予想される単語，それを………

5.3　授業研究会を通して学ぶために

　教師としての初任者研修でも授業研究が行われるが，先述のように各学校では，校内研修としての授業研究会が行われていることが多い．またその際には，研究主題などが定められていることもあり，初任教師も，年に 1 回は研究授業を行うことになっているかもしれない．**教育公務員特例法**第 21 条に「教育公務員

は，その職責を遂行するために，絶えず研究と修養に努めなければならない」とあり，第22条に「教育公務員には，研修を受ける機会が与えられなければならない」とある．このように法律上も，教師には研修義務がある．校内研修として何があるのか，自分から確認しておくことも大事であろう．

校内研修で同僚教師の授業をみる機会も設定されるが，「どのように授業をみるのか」という研修はあまり行われていないのが実情である．そのため，事後の協議会において，他の同僚教師が授業について語っているところに参加するなかで徐々に身につけていくことになる．

そのため，学校の研究主題や研究アプローチによって，授業をみて語る視点はさまざまであるが，教師の学びにつながるためのポイントを以下に示す．

授業をみて語るうえで，大きく，教師の判断，教科の本質，子どもの学びの姿の3つの内容が考えられる．教師の専門的な知識ベースは，授業の方法，教科の内容，そして，子どもの学びを統合した知識であると考えられてきた（坂本，2007, 2013）．したがって，先の事例で示したように，子どもの学びの姿から，教師自身の判断や教科の本質を問い直していくようなことが，教師の専門性を高めるうえで重要となる（第3章＆第4章参照）．

通常の事後の協議会では，教師の手立てや，教科についての議論がなされることが多いように思う．初任教師にとってみれば，さまざまな方法を知ることは重要であり，大いに吸収できるものはあるだろう．しかし同時に，それが目の前の子どもに適するかどうかを省察する力を養うことが重要となる．

そのためのポイントとしては，実践あるいは観察した授業中の具体的な子どもの学びの姿について語ることである．その理由は大きく2つある．1つは，子どもの学びのなかにこそ，授業の意味が読み取れるからである．教師が何をしたか，何を扱ったかだけで授業が成立するのではなく，子どもの学びに結実してこそ，授業の意味が生じる．もう1つは，授業者の行為に着目した発言が続くと，授業改善につながらないからである．授業者の意図に寄り添い，授業者の意図が実現するための方法を考える場合は，授業改善につながる可能性があるが，授業者の意図を踏まえないところでの議論は，授業者の心を閉ざしがちになる（坂本，2013）．授業者の本当の意図は，指導案という公的な書類よりも，子どもたちの姿と授業者のかかわりのなかにリアルに現れる．したがって，この意味でも，子どもの学びに着目し，そこから授業者が子どもたちにどのようにかかわってきたのか，この子たちに何を願っているのかを読み取ろうとすることが重要になる．いわば，目の前の子どもたちをできる限り共有して授業者と同じ立場にな

5.3　授業研究会を通して学ぶために　　55

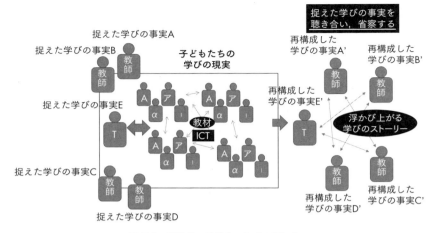

図 5.2 授業後の協議会における語り合い

ろうとすることが求められる.

　このように，事後の協議会では，子どもの学びを通して，教師の判断や，子どもの学びのなかに教科の本質を見出していく省察を重ねることで，教師の授業に関する専門的力量が高まると考えられる.

　以上のように授業をみたのち，事後の協議会で授業について語り合うこととなる．その際，重要なのは，授業の事実が暗に共有されていると思わないことである．授業はみる位置，視点，役割などによって，みえ方がまったく変わってくる．たまたま近くの子どもたちが生き生きと活動をしていると安心するが，別の場所では，苦しくてなかなか前に進めない子どもの姿をみることもある．そのような事実を丁寧に語りながら，決して良し悪しを決めつけるのではなく，子どもの学びに迫って語ることで，授業の事実が徐々に参加者に共有されていく（図5.2）.

　参加者は参加者でそれぞれにみた事実があり，そのなかに他者の発言内容を位置づけて解釈することになる．それを「**再文脈化**」と呼ぶ（坂本，2013）．このような再文脈化が教師によって異なるため，教師ごとの認識の差異が生まれ，お互いの発言を聴くなかで省察が深まるのである．そのような再文脈化を繰り返すなかで，他者の視点を内化したり，自身の思考がさらに深まることがある．そして，**子どもの学びのストーリー**をみんなで浮かび上がらせることができれば，授業のなかでの決定的なポイントに迫り，そこでの教師の判断からさらに学ぶことができる．このように，教師になってからの学びとして，授業観を磨いていくこ

とで，日常の授業改善がなされていくのである．

これから教育を学ぶあなたへ

　あなたが学ぶ教育学は，本章で伝えたような教師の学びとどうかかわるだろうか．教育学の学びはときに抽象的で，「どのように授業をしたらいいのか」と思うことがあるかもしれない．だが，じつは，抽象的で理論的な思考は，授業実践を省察するときにとても役に立つ．また，自分自身の授業実践を問い直し改善していく際の基盤にもなっていく．

　授業での子どもの学びを省察し学び続けることを通して，教師は自身の成長をより実感していくだろう．これから教師になる方に伝えたいのは，謙虚に，省察的に学び続けること，そして，生涯を通じて子どもたちとともに学び続けられることが教職の魅力だということである．多様な子どもたちに出会いながら，困難もさまざまであるが，さまざまな人々と協力しながら乗り越えることで，教師として，また，ひととしても成長が期待できるだろう．

引用文献

姫野完治：教師の学びとライフヒストリー【若き8人の学びの軌跡】，一莖書房，2023

鹿毛雅治・藤本和久（編著）：「授業研究」を創る―教師が学びあう学校を実現するために，教育出版，2017

Korthagen, F., Kessels, J., Koster, B., Lagerwerf, B., & Wubbels, T.: *Linking Practice and Theory: The Pedagogy of Realistic Teacher Education*, Lawrence Erlbaum Associates, 2001（コルトハーヘン，F.（編著）武田信子（監訳）：教師教育学―理論と実践をつなぐリアリスティック・アプローチ，学文社，2010）

Loughran, J. J.: Effective Reflective Practice: In Search of Meaning in Learning about Teaching, *Journal of Teacher Education*, 53, 33-43, 2002

坂本篤史：現職教師は授業経験から如何に学ぶか，教育心理学研究，55（4），584-596，2007

坂本篤史：協同的な省察場面を通した教師の学習過程―小学校における授業研究事後協議会の検討，風間書房，2013

Schön, D.: *Reflective Practitioner: How Professionals Think in Action*, Basic Books, 1983（ショーン，D. A.（著）柳沢昌一・三輪健二（訳）：省察的実践とは何か，鳳書房，2007）

コラム 5

子どもたちとともにあるために
学び続ける人でありたいと思います

市川　愛美

　教師になり，4年目を迎えました．現在，私は教師という職業に等身大の自分で
向き合っています．教師になったばかりのころは，自分の未熟さに不安を感じてい
ました．しかし，目の前の子どもたちとかかわっていくなかで，教師になっても学
び続けていく姿勢の大切さに気づきました．きっと，この先も自分が完璧な教師に
なることはありません．等身大の自分で仕事に向き合うことが，明日への学びにな
るのだと考えます．

　大学卒業後，初任として配属された小学校では，特別支援教室の担当になりまし
た．学級担任になるのが当たり前だと思い込んでいた私にとって，特別支援教室は
未知の環境でした．**特別支援教室**とは，発達障害傾向のある子どもたちに個別指導
や小集団指導をする，いわばオーダーメイドの教育を提供する場のことです．当時
の私は，特別支援教育について特化した学びが不足していました．4月になり，は
じめて自分が担当することになった子どもたちと出会い，一人一人異なる特性の子
どもたちに，どんな支援・指導をするべきなのかについて戸惑いました．最初は，
先輩の先生方から教わりながら45分間の授業を構成していましたが，目の前の子
どもとかかわっていくなかで「もっとこの子たちに合う支援・指導をしたい」とい
う気持ちが強くなり，自分なりに勉強を始めました．

　まずは，子どもたちのことをもっと理解するために，学級での様子を観察しに行
きました．また担任の先生や保護者の方から話を聞き，その子どもの特性を理解し
ようと努めながら授業内容を工夫していきました．たとえば，Aさんには，目を動
かすトレーニングをするときに，好きな動物の絵を使うようにしました．教室にあ
るテキストをそのまま使用していたときよりも，集中して活動できる時間が増えま
した．また，コミュニケーションの取り方を勉強しているBさんには，実際に友だ
ちとのやりとりで困った場面を再現し，どんな言動をとればよいかを一緒に考える
学習を取り入れました．既製品の絵カードを使うよりも，実生活に即した場面で考
えることができ，より深い学びになったのではないかと思います．このように，一

人一人に合わせて教材を手作りしたり，新たな学習活動を設けたりして授業を改善させていきました．

　無知から始まった初任時代は，毎日が学びの連続でした．先輩の先生方や，特別支援に関する書籍，そして，目の前の子どもたちから学びました．特別支援に関する知識は乏しいところから始まりましたが，子どもたちと向き合う毎日が学びにつながり，乗り越えることができました．

　教師2年目は，2年生の学級担任となりました．学級担任については，大学でさまざまなことを学んできたはずでしたが，それらの知識だけで遂行できるものではありませんでした．

　学級の子どもたち30名と過ごす毎日は，目まぐるしく，その時々に合った判断や対応をしなければなりません．たとえば，子どもの行動1つとっても，それはいますぐに指導するべきものなのか，あえて時間をおいた方が効果的なのか…といった具合です．教師として何が正しいのか，選択を迫られる瞬間が幾度も訪れるのです．私は，毎日のなかで，その瞬間を見逃したり，間違った判断をしたりすることがあり，そのたびに落ち込んでいました．しかし，失敗を振り返ることで，「次に同じようなことが起きたときにはこうしてみよう」と，新しい学びにつながると気づきました．また，同じ学年を組んでいる先生方に相談したり，先生方が子どもたちとかかわる様子をみたりすることも，学びにつながりました．

　1年目，2年目の経験から，私は，いま持っている精一杯の力で子どもと向き合いながら，学び続けていくことが大切だと考えるようになりました．もちろん，仕事をさせていただいている以上，教師としての自覚と責任は必要です．しかし，完璧な教師であることは不可能です．大事なのは，学び続ける姿勢を持つことです．

　私は，これからも常に学び続ける姿勢を大切にしていきます．目の前の子どもから学び，周りの先生方から学び，自分の経験から学び，本やテキストから学び，日常生活から学び，ありとあらゆるものから学び続けていきます．

　これから教育に携わろうとしている方が，肩の力を抜き，等身大の自分で挑戦してみようという気持ちになってくださることを心から願っています．

第6章 過去から学び，今にいかすことも，教育の大切な役目です

香山　太輝

> **誘いのことば**
>
> 　本章では，教育について，とりわけ，教師のあり方についての歴史に注目したい．教師はいったい，いつの瞬間から教師になるのだろうか．教員免許を取得したときだろうか．あるいは，教師として学校で勤め始めたときだろうか．それとも，子どもから「先生」と呼ばれたときだろうか．教師であることは，誇らしいことだろうか．それとも窮屈なことだろうか．これらの問いへの回答は，どのような教師像を描くかによって変わるだろう．人々が描く教師像には，教師にはこうあってほしいという期待が込められている．教師は常に周囲から何かを期待される存在であるが，その期待の内実は地域や時代によって変わりうる．本章では日本における教師像の展開を歴史的に振り返り，これまで日本ではどのような人物が教師と呼ばれ，その像はどのように変化してきたのかを検討していきたい．

6.1 国際比較のなかでの日本の教師

6.1.1 教師の権威に関する2つのタイプ

　周囲から「先生」と呼ばれる職業は，医師や政治家など，教師以外にも存在する．こうした職業につく人物は，特定の分野において判断を下し，人々を導く権利があるとされている．たとえば人々は，からだに不調をきたしたとき，その原因の解明と回復のための手立てに関して，自らの判断よりも，高度な知識や技能を有した医師の判断を尊重し，それに従おうとする．このように「先生」と呼ばれる人物が人々を指導することができるのには根拠があり，この根拠を「権威」と呼ぶことができる．

教師もまた，ある種の権威者であるが，教師を取り巻く社会状況が異なれば，その権威の内実も違ってくる．ここでは日本の教師の特徴を際立たせるために，西洋社会における2つのタイプの教師像を取り上げ，比較してみることとしたい．

　まず，イギリスにおいて顕著にみられる教師像である．このタイプは，一部のエリート層の子弟が通った，中世以来の中等学校の教師像に根ざしている．イギリスにおいて教師といえば，大学を卒業した学識の高い人物がイメージされる．教師の社会的地位は高く，保護者たちは，自らよりも知的レベルの高い人物の指導を受けさせるべく，学校に子どもを通わせる．こうした教師は，教える内容に関する専門性に秀でた，教育内容における権威者としてみなされたのである．

　続いて，アメリカの教師に着目したい．アメリカにおいて特徴的な教師のタイプは，一般庶民の通う国民学校の教師像に根ざしている．国民学校の教師は基本的に師範学校出身者であり，イギリスと比べ，知的水準や社会的地位は高くなかった．したがって，このタイプの教師は教育内容における権威者とは認められなかった．また，アメリカにおいては，多様な人種を1つの社会のなかで統合していくことが，学校教育における切迫した課題となっていた．こうした状況において教師たちに期待されていたことは，アメリカ社会で生きていくうえで必要な知識をいかにしてうまく教えるかについて精通していることであった．こうした教師は，教育の内容よりも，教育方法における権威者として認められていた（石戸谷・三好，1979；Peters, 1966，三好・塚崎訳，1971）．

6.1.2　日本における伝統的な教師像

　西洋社会における上記2つの教師のタイプに対し，日本の教師はいかなる点で人々から権威を認められていたのだろうか．日本においては明治期以降，近代的な学校教育制度が整備されていくこととなり，教師という職業が制度的に確立されていった．しかし，近代以前にも藩校や学問塾，手習塾（寺子屋）などの教育機関が存在し，そこでは特定の知識や技能を人々に伝達する教師が存在していた．とりわけ，庶民層にも広く普及していた手習塾の師匠のあり方は，近代化以後の時代における人々の教師のイメージを規定していくこととなる（石戸谷・三好，1979）．

　手習塾は，読み書きの基本を学ぶ場所として，文字文化の広がりとともに普及したが，当然のことながら，すべての子どもが強制的に通わせられていたわけではなかった．入門の年齢や時期，そしてどの師匠のもとに入門するかについて

は，基本的に子どもの保護者の意思によって決められていた．当時，どの師匠を選ぶかということは子どもの教育において非常に重要な事柄として捉えられていたが，その際にもっとも重視されていたのは，師匠が信頼に足るような人格を有しているかという点であった．

職人や芸道の教育において顕著であるが，日本における学習は，モデルとなる師匠を徹底して模倣することから始まる点に特徴がある．その際には，師匠の持つ技能そのもののみにとどまらず，日常生活の一挙手一投足すべてが模倣の対象とされていた．だからこそ師弟関係は人格的な結びつきを抜きにしては成立しえず，師匠のひととなりが極めて重要視されていた（辻本，1999）．このように，前近代の日本においては，豊富な知識を有していることや，教え方に精通していることよりも，優れた人間性や道徳性を有していることによってこそ，教師としての権威が認められたのであった．

6.2　日本における教育の近代化と教師像の変化

6.2.1　近代学校のはじまり

「富国強兵」「文明開化」のスローガンのもと，明治維新後の日本は，政治や軍事，産業などのあらゆる分野を西洋化していくことで，近代化を果たそうとした．教育の分野もその例外ではなく，教育行政に関しては主にフランス，教育内容や方法に関しては主にアメリカをモデルとしながら近代的な教育制度の整備が進められた．したがって，このとき以降普及していく近代学校は，手習塾をはじめとする伝統的な教育機関とはまったく異質な性質を有していたのであった．

手習塾は，入門の時期だけでなく，学習時間も個々の子どもで異なっており，農繁期などは家業の手伝いのために欠席することも自由であった．手習塾では，学習者の生活のリズムや必要性に応じた教育を施すことを基本としていたのである．したがって，学習内容も個々の子どもの実生活や将来就く職業に応じたものとなっていたし，教授方法も個別教授・自己学習を基本としていた．

一方で近代学校は，「国家富強」のための手段として構想された．したがって，教育の内容や方法は政府によって全国画一的に組織されていくこととなった．たとえば文部省が示したカリキュラム（「小学教則」）では，伝統的な読み書き計算のみならず，地学や幾何学などに関する教科目が盛り込まれていたが，これらは西洋のカリキュラムをモデルとしたもので，日本で暮らす人々の生活実態とはかけ離れた高度なものであった．教育方法に関しても，オブジェクト・レッスン

（object lessons）と呼ばれるアメリカの小学校で実施されていた教授法が紹介された（橋本，2012）.

このように，近代学校においては，教育の内容と方法が国家によって刷新され，画一的に規定されていた．こうした状況下では，教師たちはイギリス的な内容に関する権威者になることも，アメリカ的な方法に関する権威者になることも困難であった．では，近代学校における日本の教師たちはどのような存在たることを期待されたのだろうか.

6.2.2 教師の道徳性の矮小化

学校教育が国家の目的達成のための手段として構想されると，その担い手である教師もまた，国家のために奉仕すべき存在としてみなされるようになった．とりわけ，明治10年代以降，教育政策の国家主義的・中央集権的性格が強まってくると，教師のあるべき姿が公然と規定されるようになった．1881（明治14）年に定められた「小学校教員心得」では，小学校教員の良し悪しが教育の良し悪しを左右し，ひいては国家の発展を左右するものとされ，そうした重大な役割を担うひととしての責務が16項目にわたって定められている．そのなかに，国民教育における道徳性の涵養の必要性が強調され，教師は生徒の「模範」となるべきであるという内容が盛り込まれていることに注目したい．教師には，道徳の体現者たることが期待されていたのである．これは一見，先述した伝統的教師像を引き継ぐものであるようにも思われる.

しかし，前近代において，手習塾のみならず，宗教や学問，あるいは芸道の世界で師匠と呼ばれた人々が有していた道徳性や人間性は，それぞれの「道」の追求によって形成されたものであった．対して近代化以後に期待された道徳性の内容は，第三者によって押し付けられる「品行」に矮小化されたものであった．そしてこれ以降，教師の「品行」に対する規制は強化されていくこととなった（石戸谷・三好，1979）.

6.2.3 師範教育の硬直化

近代化に伴って新しくなった教育内容を，新しい教育方法でもって教えていくためには，これらに精通した教師が必要不可欠であるが，そうした新しい教育の担い手を養成する機関として設けられたのが師範学校である.

日本で最初の文部大臣となった森有礼は，教育政策における師範教育の重要性を訴え，1886（明治19）年に「師範学校令」を公布した．その第一条では「生

徒ヲシテ順良信愛威重ノ気質ヲ備ヘシムルコト」を師範教育の目的とすることが定められた．「三気質」と呼ばれる「順良」（上司に対する従順さ），「信愛」（仲間との友情），「威重」（教え子に対する威厳）を育むことは，教師の人格を重視する森にとって師範教育の根本方針であった（佐久間，2019；山本，2014）.

1889（明治22）年には大日本帝国憲法が発布されたことで国家における統治権が天皇に認められ，翌年には「教育ニ関スル勅語」の渙発によって天皇を中心とした国民国家における道徳が示された．この時期以降，教育政策における国家主義的な統制がより一層強化されていくこととなり，師範教育においても，天皇を敬い，国家に奉仕する日本国民としての道徳を身につけさせることが重視されていく．寄宿舎制や兵式体操をはじめ，軍隊さながらの訓練が徹底して行われ，師範学生たちは厳しい規則のなかで師範学校教員や上級生の顔色を窺いながらの学生生活を強いられた．こうした師範教育は，真面目さや親切さがその長所である反面，内向的であり，融通のきかないこと，他律的なことなどといった独特な性格を有した教師を輩出していくこととなる．こうした性格は「師範タイプ」と呼ばれ，世の中の批判の対象となった（唐澤，1955）.

戦前期の教師像はしばしば，「聖職者としての教師」として説明される．そこには，教師は見返りを求めずに国家社会のために我が身を捧げようとする清く正しい人格者であるべきであるという期待が込められていた．しかし，国家による教育統制が強化されていった明治20年代以降，待遇の悪化によって苦しい生活を強いられ，社会的地位が低下していくなかで，教師は必ずしも権威ある存在として尊敬を集めていたとはいえない状況となっていった（寺崎，1981）.

6.3　教師像の問い直し

6.3.1　「教授の機械」からの脱却

国家主義的な教育行政のもと，教師には，国民道徳を体現するモデルとなることと同時に，就学率の上昇のなか，多くの子どもたちに国家が定めた望ましい知識を着実に教授する役割が期待されていた．明治30年代になると，近代的な教授方法の定式化が進んでいく．その際に注目されたのがヘルバルト主義教育学であった．もともとの提唱者であるヘルバルト（J. F. Herbart）の教育理論は，子どもには4段階の認識プロセス（明瞭・連合・系統・方法）があるとしたうえで，教師に子どもをよく観察することと，認識の段階に応じた適切な働きかけを判断していくことを求めるものであった．しかし，彼の理論を引き継いだ弟子た

ち（ヘルバルト主義者）は，これを，実践現場での教え方を示す教授法へと発展させていく．日本に受容されると，さらに「予備・教授・応用」の3段階に簡略化されることとなるのだが，こうして普及していった教授法は，子どもの状況を顧みずとも，機械的に3段階のプロセスを踏みさえすれば教授を成立させることのできるマニュアルのようなものとして受け止められた．したがって，ヘルバルト主義教授法を導入した授業においては，教師が子どもを観察したり，それにもとづいて判断を下したりするような余地はなかった．教師にはいわば，決められた内容を効率的に伝達する「教授の機械」たることが求められていたのであった（橋本，2015）．

　しかしながら，教授法研究が進展し，**教師の力量形成**への注目が高まってくると，「教授の機械」として国家に奉仕すべきことが強いられてきた教師像を見直そうとする動きが生じてくる．そうした立場を代表する人物の一人が，文部官僚や京都帝国大学総長などを務め，また，後述する**大正新教育運動**をリードした人物としても知られる**澤柳政太郎**である．彼は著書『教師論』において次のように述べている．

> 実に教師は教授するに当ては独立である，又教室に於てはその教室の主権者であるといつてもよい，何人もその行動を制限することは出来ない．彼は教室では自由自在に自己の思ふま丶に行動すること^{ママ}か出来る，随て教授上の責任は全然彼の負ふべきもの^{ママ}て何人にも譲ることができない．

（澤柳，1905，pp.14-15）

　澤柳の主張は，教授を行うひととしての教師の専門性とその自律性を訴えるものであった．彼は，教師に対して教授を型通りに行うのではなく，教授する内容と方法に関する知識，すなわち教育学を学ぶこと，さらにいえば教育について研究することを求めた（澤柳，1905）．こうした教師の役割に関する認識の変化は，以下で述べるような教育そのもののあり方を捉え返そうとする運動とも密接にかかわっていた．

6.3.2　大正新教育運動と教師の自己認識の転換

　これまで繰り返し述べてきたように，明治期以来の学校教育は，国家の定めた教育目的にもとづく画一的で，注入的な授業のあり方が一般的であった．これに対し，子どもの側の個性や自主性を重んじることの必要性を訴える教育理論およびそれにもとづく実践が，明治末期から提唱されるようになる．また，19世紀から20世紀への転換期には，新しい教育のあり方を模索しようとする取り組み

が世界的な広がりをみせていた．第一次世界大戦後の自由主義やデモクラシーの思想の広がり（**大正デモクラシー**）に下支えされつつ，世界的な教育改革の波に触発されながら日本で展開した草の根的な教育実践改革運動が，**大正新教育運動**であった．

大正新教育運動は，成城小学校や，池袋児童の村小学校などの私立学校，東京女子高等師範学校附属小学校や奈良女子高等師範学校附属小学校などの師範学校附属小学校を中心としながら進められていく．また，東京市の富士小学校や福井県の三国小学校，岡山県の倉敷小学校など，上記のような実験学校での実践に刺激を受けた公立学校でも革新的な実践改革が展開された．

新教育においては，教師がいかに教えるか，ということのみならず，あるいはそれ以上に，子どもがいかに学んでいるかが重視される．一人一人まったく異なる個性を持った子どもたちの学びを保障するためには，教師が，ただ一方的に子どもに働きかけるばかりではなく，自らの働きかけに対する子どもの反応に対して真摯に向き合わなければならない．そして，その反応に応えるために自らの力量を顧み，よりよい教育的働きかけを模索していくことが求められる．こうした双方向的な営みとしての教育を実現していくうえではもはや，教師は型通りの教授法に従う「教授の機械」ではいられない．実践現場で生じる情況を把握し，自律的に判断していく専門性が求められる．大正新教育運動のなかで教師たちは，「教育実践をよりよく変革する探求者」として自らの役割を捉え直していったのだった（橋本，2015）．

6.4　池袋児童の村小学校における教師の探求

6.4.1　教師の探求を支える実験学校のあり方

最後に，大正新教育運動の実践事例に注目して，教師による探求の具体的な様子を紹介したい．この時期に設立された実験学校のうち，もっとも急進的なものとして知られているのが池袋児童の村小学校（以下，児童の村）である．同校の教育実験は，子どもの自由な活動を制限していた時間割や教科目，一斉教授などを撤廃するところから始まった．子どもたちには，場所，時間，先生，教材を選ぶ権利が与えられ，それぞれが興味を持った課題を，それぞれのリズムで学んでいった（中野ほか，1980）．

児童の村での上記のような実験は，旧態依然とした学校教育のあり方を転換し，子どもの自発性や個性を尊重した教育を実現するうえで意義があっただけで

はなかった．同校の設立者たちは，教育を改革するためには教師が変わらなけれ
ばならないと考えていたのである．すなわち，教師が，決められたことを決めら
れた方法で教えるだけの他律的な状態から，教育実践を「自分の力で膳立し，自
分の力で計画し，自分の考通りに行ふ」ことのできる自律的な状態へと意識変革
することを望んでいたのである（志垣，1923）．このような教師の意識変革をも
たらすうえでも，子どもが自由に活動することは重要な意味を持っていた．設立
者の一人であり，児童の村の校長である野口援太郎は次のように述べる．

> 子供達がその盛な活動力をほしいまゝにして疑問の数々を連発し，又は自由
> 自在に仕事を組み立てゝ行く間に，彼等の自然の天性が発揮せられ，其の傾
> 向が遺憾なく表現せられる所に，彼れ［＝教師—引用者］の取るべき道が明
> かに確実に看示せられるのである．彼れの学ぶべき道は実にこゝにあるので
> ある．
> （野口，1924，p.31）

子どもの活動の自由が認められたとき，時間割や規則に縛られた状態ではみえ
てこなかった子どもの姿がみえてくるようになる．その姿はときに，教師の想定
を上回る．そうした事態に直面することで，教師は，教育や学校，あるいは教師
自身について，「こうあるべきだ」という固定観念を見直すことができる．言い
換えれば，思い思いに活動する子どもの姿との出会いにこそ，教師が規範意識や
思い込みから自由になる契機があると考えられていたのである（香山，2021）．

6.4.2　教育，そして教師としての自己を問い直す

では，実際に児童の村で勤務した教師にはどのような変容があったのか．先述
の通り，開校当初の児童の村では，子どもたちがそれぞれのリズムで個別的な活
動に取り組んでいた．何よりもまず，子ども自身が自身の興味や欲求にもとづい
て活動し，その欲求を満たしていかなければならない．その理念に忠実であろう
とした教師たちは，子どもたちに学習を強いることはできないし，また教室内を
駆け回っていても叱ることはできなかった．それでは一体，教師の役割はどこに
あるのか．このことが，児童の村の教師たちが同校で直面した問いであった．

児童の村の教師たちは，思い思いに活動する子どもたちに向き合い続けた．そ
うしたなかで，教育や教師と子どもとの関係性について問い直していく．一般的
に教育は，既存の文化について知っているひと（教育者）が，知らないひと（被
教育者）に対して，その文化の内容を教え伝えることとして理解されている．こ
れに対し，児童の村の教師の一人である野村芳兵衛は，子どもたちによる「あそ
び」（自発的な活動）のなかからも新しい文化は創造されうるのだと考えるよう

になった．同時に，「おとな」（教師）からの既存の文化の伝達も，子どもたちをいかす「エネルギー」になるものであるとした．彼は教育を，教師による「文化の伝承」と子どもによる「文化の創造」とを両立させることで，教師と子どもとが互いに「理解」し「協力」していく営みとして理解したのである．そして，教師である自分自身を，子どもを一方的に支配したり，指導したりする存在ではなく，よりよい共同生活を子どもとともに実現しようとする「同行」（共同探求者）として捉えたのであった（浅井，2008；野村，1926，1956，1973）．

6.5　教育において「過去に学ぶ」とは？

　教師像の歴史的展開を検討することで，私たちは何を学ぶことができるのだろうか．近年，「**省察的実践者（reflective practitioner）**」としての教師という教師像が注目されている．この教師像には，教師としての仕事や役割を固定的なものとして捉えるというよりも，実践現場の複雑な状況のなかで，柔軟に変化していく流動的なものとして捉える発想が含意されている（Schön, 1983，柳沢・三輪監訳，2007）．教師たちはますます，「教師になること」や「教師であること」について，自分自身で模索していくことが求められる（第5章参照）．

　こうした新しい教師像は，本章で紹介した大正新教育の教師たちと重なってみえることもあるだろう．しかし，歴史から学ぶということは，歴史のなかでさまざまに提示された教師像のなかから1つを選び，それをモデルとして単に模倣するということにとどまらない．歴史的な探求における要点の1つは，特定の事柄，たとえば1つの教師像が，どのような社会的状況において，どのような経緯を辿りながら形成されていたのかを吟味することにある．こうした作業は，いまを生きる私たちが，私たちを取り巻く現在の社会状況のなかで，あるべき教師像を創り出していく際の助けになるはずである．答えを過去に求めることではなく，新しい答えを創造するためのヒントを探ることが「過去に学ぶ」ということなのではないだろうか．

これから教育を学ぶあなたへ

　教育の近代化のプロセスでは，教師が国家社会からの期待によってがんじがらめにされてしまう事態も生じた．そして，「教師はこうあるべき」という言説は，現代に至っても生産され続け，ときとして教師を不自由にする．

　しかしながら，本章でみてきたように，教師像とは歴史的なものであり，絶対的なものではない．時代とともに揺れ動くものである．そして，教師には，教師としての自分の生き方を模索していく自由があるはずである．過去を生きた人々の言葉を聞くこと，同じ世代をともに歩む仲間と語り合うこと，あるいは将来の世代を担う子どもたちとともに生きることによって，私たちは教育を，そして教師のあり方を問い続けることができる．「教育を学ぶ」という営みが，あなた自身を自由にするものであることを切に願う．

引用文献

浅井幸子：教師の語りと新教育—「児童の村」の1920年代，東京大学出版会，2008

橋本美保：大正新教育・再訪. In 橋本美保・田中智志（編著），大正新教育の思想—生命の躍動，pp.3-31，東信堂，2015

石戸谷哲夫・三好信浩：教師論の変遷. In 真野宮雄・市川昭午（編著），教師・親・子ども（教育学講座18），pp.17-56，学習研究社，1979

唐澤富太郎：教師の歴史—教師の生活の倫理，創文社，1955

香山太輝：教育の世紀社による池袋児童の村小学校の構想—設立理念の形成とそのモデルを中心に，教育学研究，88（3），1-13，2021

中野光・高野源治・川口幸宏：児童の村小学校，黎明書房，1980

野口援太郎：新教育に於ける教師の態度，教育の世紀，2（10），29-35，1924

野村芳兵衛：児童の村二ケ年（二）—私の観た村の生活，教育の世紀，4（5），55-61，1926

野村芳兵衛：私はこんな教師だった—児童の村教育時代，教育，55，22-26，1956

野村芳兵衛：私の歩んだ教育の道（野村芳兵衛著作集8），黎明書房，1973

Peters, R. S.：*Ethics and Education*, George Allen and Unwin, 1966（三好信浩・塚崎智（訳）：現代教育の倫理—その基礎的分析，黎明書房，1971）

佐久間亜紀：教師像の史的展開－岐路に立つ教職．In 佐久間亜紀・佐伯胖（編著），現代の教師論（アクティベート教育学2），pp.72-85，ミネルヴァ書房，2019

澤柳政太郎：教師論，同文館，1905

Schön, D. A.：*The Reflective Practitioner: How Professionals Think in Action*, Basic Books, 1983（柳沢昌一・三輪建二（監訳）：省察的実践とは何か—プロフェッショナルの行為と思

考，鳳書房，2007）

志垣寛：生命至上の教育，大同館書店，1923

橋本美保：日本における教育改革と教育方法の歴史．In 田中耕治・鶴田清司・橋本美保・藤村
宣之，新しい時代の教育方法，pp.44-71，有斐閣，2012

寺崎昌男：明治後期の教員社会と教師論―沢柳政太郎と加藤末吉．In 石戸谷哲夫・門脇厚司
（編），日本教員社会史研究，pp.175-200，亜紀書房，1981

辻本雅史：「学び」の復権―模倣と成熟，角川書店，1999

山本正身：日本教育史―教育の「今」を歴史から考える，慶應義塾大学出版会，2014

コラム 6

企業経験があるからこそ，
伝えられる教育もあります

武田　亘倫

　大学時代，私にはやりたいこと，進みたい道がたくさんありました．一度きりの人生でやりたいこと全部に挑戦したいと考えた私は，やりたいことを実現できる順番に並べてつなげることを考えつきました．まず大学院に進学して歴史学を深め，次に一般企業で「稼ぐ」経験をし，社会のなかでいろいろな仕事に挑戦したうえで，その経験をいかして教師になるという人生プランを作成しました．

　「観光業界での経験は地理歴史公民の教育でいかすことができる」と考え，大学院修了後は旅行会社に就職しました．営業，企画，海外勤務，本社勤務，行政機関への出向などの 10 年間の勤務経験で，「自ら体験する学び」という私の教育の柱を見つけることができました．「自ら体験する学び」を重要だと思った理由は 2 つあります．

　1 つ目は，自分自身の仕事の学びのなかで気づきました．業務マニュアルを読み込んだことに加え，その業務を自分事として考えて現場で体験したときにこそ，自ら気づき，学び，成長することができました．たとえば営業マン時代に，企画を提案したホテル経営者から「営業の視点と心構え」についてアドバイスを受けたり，冬祭りの司会や野外音楽フェスの企画・運営の最中に，提携企業とともに最善の方法を試行錯誤しました．仕事の実践を通して多角的な見方・考え方を学ぶことができました．

　2 つ目は，お客様の学びから気づきました．修学旅行の営業マン時代には，高校生たちが京都や広島で多くの本物を見て触れて体験する旅行プランを企画し，添乗員として同行しました．生徒たちは清水寺の舞台の高さを実感し，金閣寺の金色を間近で確認し，原爆の威力の凄まじさを原爆ドームや遺物で理解しました．教科書やネットの情報による知識だけではなく，生徒たちが五感を通して「ちゃんと理解した」という表情に変わった瞬間をみることができ，自ら体験し本物に触れる大切さを再確認しました．

現在，私が勤務している開校 67 年の北海道の私立の札幌新陽高等学校では，スローガン「本気で挑戦する人の母校」と 2030 年ビジョン「人物多様性」を掲げ，多様な生徒・教職員が集まっています．私は地歴公民科教師として「自ら体験する学び」に取り組んでいます．

　「地理」では，北海道の有名なお土産をテーマに，特産品の理解，原材料と気候や農業との関連，単価設定やターゲット，地元の産業や企業の学習へと発展させました．学校設定科目「文化人類学」では，修学旅行を異文化理解と現地調査の機会として探究学習を行いました．「なぜ京都で抹茶が有名なのか」などの問いを立て，異文化を肌で感じて学ぶことにより自分の文化についての深い理解を目指しました．「学校外連携プロジェクト」では，有志生徒が大学観光学部と旅行会社と連携し，一次産業の人手不足を解消するブドウ収穫ボランティアツアー企画を行いました．生徒たちが現地調査，パンフレット作成，記者会見を行い，満員となったツアー当日は添乗員としてお客様をおもてなしし，自分たちのアイデアが売れる・喜ばれることを実感する機会となりました．

　1 年生必修科目「地理総合」では，「札幌から東京にいかに安く行けるか」という問いを起点にして，現代社会の諸問題を考える授業を行いました．生徒は，憧れの東京行きについて自分事として積極的に調べ，グループワークで対話し学び合います．交通手段の検討から始まり，トラック・船による物流やエネルギー，航空会社の大手・格安の比較，自転車・徒歩での宿泊や地域振興，観光，さらにネット検索の広告や手数料に発展させていきます．生徒は一人 1 台持つ Chrome Book 端末を使って地理情報システムを活用したり，本物の Web サイトでネット予約の決済直前まで進み，実際の料金や所要時間，予約・購入方法を学びました．授業後の生徒からは，「よく利用する洋服の Web 販売の仕組みの理解にもつながった」という感想や，自分で格安航空券を予約して本当に東京旅行に行く生徒も出てきました．こうした生き生きと学び合い成長する姿をみて，社会経験をいかした多様な切り口や視点のある授業に確かな手応えを感じました．

　さらに教師となった現在も，地域の連合町内会との交流，多業種の企業人が参加している社会人スポーツ団体活動，海外の航空会社との連携プロジェクトなど，私自身が社会とつながりさまざまな価値観に触れる機会を増やすことで，新しい出会いと発見によって「自ら体験する学び」をアップデートし続けています．

第7章 教育は，学校だけで起きているのではなく，子ども以外も対象です

大木　由以

誘いのことば

　学校は私たちの生活や教育に欠かせない存在だが，教育は学校だけで行われているわけではない．考えてみれば当たり前のことであるものの，学校以外での教育について考える機会はこれまでほとんどなかったのではないだろうか．

　学校外の教育には，自治体によるものや図書館や博物館で行われるもの，NPOや自治会などの団体が実施するものなどがあり，それぞれの場面では子どもだけでなくおとなも学んでいる．

　そうした多様な場面でさまざまな主体によって行われる教育やそこでの学びについて考えるのが，社会教育の領域である．本章では主として博物館を取り上げ，社会教育の特徴や魅力を伝えたい．

7.1　生涯にわたる学びの支援

7.1.1　生涯学習振興と社会教育

　教育を考えるとき，まっさきに思い浮かべる場面は学校であろう．教育を効率的に進められるようにつくられた学校には，学校ならではの教育や学びの特徴がある．**学校教育**の普及，**義務教育**の浸透は，個人の発達を支えるだけでなく地域や国の発展においても重要な意味を持つものであった（第6章参照）．

　しかし，学校教育が当たり前のものになるなかで，どの学校で教育を受けたかによって個人が評価されたり，学校外での学びに目が向けられなくなったりするような状況もみられるようになった．学校での学びだけが偏重的に評価される状況に対して，1980年代半ば以降の教育政策は生涯にわたる学習の意義を強調し，

そのための支援体制を整えるための仕組みづくりを目指してきた．あらゆる年齢・立場のひとが自らの意思で学習場面を選択し豊かな人生の追求や自分たちが暮らす地域の生活環境の改善を試みるような学習活動を行うこと（**生涯学習**という）を振興しようと，国や地方公共団体はさまざまな施策を立て実施してきた．

こうして推進されていった生涯学習における学びは，それぞれが必要なタイミングで学びたい内容を自らの意思で判断を重ねながら学ぶことが重視される．そして，そうした学びを実現するためには，多様な教育場面の充実が不可欠になる．

学びの機会を多様にするうえで注目できるのが，**社会教育**である．社会教育は，「学校の教育課程として行われる教育活動を除き，主として青少年及び成人に対して行われる組織的な教育活動（体育及びレクリエーションの活動を含む．）」（**社会教育法**2条）と定義されるものである．民間の社会教育には地域の自治会やNPOによるもの，カルチャーセンターなどの教育文化産業によるものが挙げられ，各主体の使命などにもとづいた独自の教育活動が行われている．こうした人々の社会教育活動を奨励・振興するのが**社会教育行政**である．社会教育行政については，独自に教育事業を実施することもあるが，自主的・自律的に行われる民間の社会教育活動を推進するための環境づくりといった間接的なかかわりを原則としながら，生涯学習の振興を図っている．

社会教育のための専門的職員の存在にも注目できよう．学校の教師ほど身近に感じられないかもしれないが，各地の教育委員会事務局には必要に応じて社会教育を行うひとたちに助言などをする**社会教育主事**が，また，図書館には**司書**，博物館には**学芸員**が配置され，地域での学びを支えている．

7.1.2 学びについて幅広く理解することの大切さ

生涯学習や社会教育を理解するうえで注意をすべきこととして，学びが知識を獲得する過程だけを指すものでも，個人の成長だけに作用するものでもないという考え方を挙げることができる．

学校ではすべての子どもが**学習指導要領**に示された内容を学べることが重要な意味を持つ．そのため，学校教育は決められた時期に同じような内容を学ぶことができるように教科書がつくられたり授業方法が工夫されたり，テストや入試などによって学びの成果が評価されることもある．そうして児童・生徒として教室で過ごした経験は「学び＝テストのための勉強」のような限定化したイメージをつくってしまうことさえあるといえるが，本来学びとはテストなどで評価できる

ような知識・技術の獲得過程としてだけでなく，経験による態度や行動の変容に結びつく過程として広義に捉えられるものである．

そして幅広い学びのあり方に目を向けることで，学びは個人の成長だけでなく，社会の発展にもつながるものとして考えることもできる．後者の性格は，たとえば，環境，エネルギー，人権，倫理などの公共的な課題について学ぶ場面を想定することで，理解しやすいだろう．しかも，こうした公共的課題は普遍的なものだけでなく時代とともに大きく変化するものでもあり，何を学習課題にすることが公共の利益につながるかを問う作業は終わりがないものである．

こうした視点に立ってみると，身近な場面にたくさんの学習機会があり，時代や地域社会の実情にあわせてさまざまな学習内容の教育が行われていることに気づくだろう．そうした幅広い学びを支える社会教育の拠点になるのが，社会教育施設である．

7.2 社会教育施設とは

社会教育施設とは社会教育を行うために設置された教育機関を指す．代表的なものには，地域の団体などが自主的な活動の場として活用できる環境を整えたり主催事業を行ったりする**公民館**，本や雑誌などの資料や情報を通した**学習支援**を行う**図書館**，実物資料を中心に展示や事業を行う**博物館**があり，他にも**青少年教育施設**や**生涯学習センター**などがある．施設の設置状況などには地域差があり，また地域によって名称が異なることもあるため認識しにくい可能性があるが，博物館で展示を見たり（学校行事で訪問したかもしれない），近所の図書館（学校図書館ではない）で本を借りたりということを考えれば身近に感じられるのではないだろうか．

社会教育施設のなかでも，本章で取り上げるのが博物館である．博物館は，「歴史，芸術，民俗，産業，自然科学等に関する資料を収集し，保管（育成を含む．以下同じ．）し，展示して教育的配慮の下に一般公衆の利用に供し，その教養，調査研究，レクリエーション等に資するために必要な事業を行い，併せてこれらの資料に関する調査研究をすることを目的とする機関」（**博物館法**第2条）と定義される社会教育施設である．

博物館の特徴の1つに，その種類の多さを挙げることができる．館種は表7.1のように整理できるが，それぞれ具体的な施設を挙げることができるだろうか．

また他の社会教育施設が公立中心であることに対して，私立の存在感が大きい

表 7.1 博物館の館種一覧(「令和3年度 社会教育調査の手引き」より抜粋して改変)

総合博物館	人文科学と自然科学に関する資料を収集・保管・展示
科学博物館	主として自然科学に関する資料を収集・保管・展示
歴史博物館	主として歴史及び民俗に関する資料を収集・保管・展示
美術博物館	主として美術に関する資料を収集・保管・展示. 一般的には美術館と呼ばれる
野外博物館	戸外の自然の景観及び家屋等の形態を展示
動物園	主として動物を育成して,その生態を展示
植物園	主として植物を育成して,その生態を展示
動植物園	動物・植物を育成して,その生態を展示
水族館	主として魚類を育成して,その生態を展示

ことも博物館の特徴といえよう. 博物館のなかには私的に収集されたコレクションが公開されているところ(大原美術館(岡山県),名和昆虫館(岐阜県)のように個人名が冠された博物館がそうであることが多い)や,企業が製品の歴史を展示する施設もある(東芝未来科学館(神奈川県),花王ミュージアム(東京都)など). こうして多種多様な博物館が設置・公開されることによって,誰もが歴史・民俗,産業,自然・科学,芸術・文化などについて資料を見ながら学ぶ機会を得られるようになっている.

　博物館の特徴的な活動は展示であり,利用者は資料を見て学ぶことが基本となるが,見るだけでなく触れたり・嗅いだり・聞いたりすることで資料への理解を深められるような工夫がされていることも多い(利用者の触る・嗅ぐ・聞くという働きかけによって見るだけでは得られない情報を引き出せる工夫のある展示を,**ハンズオン展示やインタラクティブな展示**と呼ぶ). さまざまな障害を持つひとに配慮して展示がつくられることや,障害の有無にかかわらず誰もが利用できる施設づくりを目指すユニバーサル・ミュージアムの実現を目指す活動もある(広瀬,2012).

　博物館では展示以外にも多様な方法で教育事業が行われている. たとえば,展示への理解を深めるために展示室などで行われる解説会や講演会,所蔵資料に関連した内容で観察会や体験講座が用意されることもある. 世田谷美術館(東京都)の「美術大学」のように鑑賞・講演会・制作活動などを組み合わせて長期間・継続的に美術館を利用しながら学べるプログラムが用意されていることもある.

　博物館のなかには他の社会教育施設や学校などで利用できるような教材を作成し,博物館外でも資料などを活用できるようにしているところもある. 広島平

和記念資料館（広島県）では平和学習に役立てられるように「熱線により溶けた瓦」の実物資料や「被爆者からの手紙」などの貸し出し用教材を用意し，佐倉市立美術館（千葉県）では鑑賞教育を行うために所蔵する資料からなるカード型の鑑賞教材を作製している．こうした貸し出し用の資料とそれに関連した事業などとをセットにして，博物館を地理的・物理的に利用できない離島などの地域や病院などに届ける**アウトリーチ活動**を行うこともある．

　ところで，歴史・自然・美術を扱う博物館で学ぶことについては納得できても，動物園や水族館は訪問が「楽しみ」な場所であり，「教育」や「学び」とは無縁の場所だという考えから教育機関と捉えることには抵抗があるかもしれない（そうした背景には，「教育＝授業」「学び＝宿題」というように，それぞれの言葉から学校教育で経験してきたこと――とくにつらかったり大変だったりしたこと――を連想するという考え方の癖のようなものがあるといえる）．しかし，動物園や水族館も社会教育施設であり，生き物を扱う機関であるからこそ生じるさまざまな課題に直面しながらも，その生態や生息環境について研究し，動物の福祉に配慮をした展示をつくり体験会などの事業を行うことで，来園者がいのちと向き合って理解を深めることができるような工夫を重ねている（日本博物館協会，2015）．

7.3　おとなも学ぶということ

　博物館に行くと，展示室には子どもよりも多くのおとながいることに気づくだろう．もちろん，図書館でも公民館でも，多くのおとなたちが学んでいる．そうしたおとなの学習者に対してどのような支援をすることができるのか，学校の児童・生徒を対象にした場合と同じような教育を行えばよいのだろうか．

　こうした問題を考えるにあたり，**成人教育学**（アンドラゴジー（Andragogy）と呼ばれる）の考えを参考にすることができる．成人教育学は，おとなを対象にした教育には子どもの場合とは異なる工夫が必要だという立場で研究や実践を蓄積してきた．代表的な研究者は，**マルカム・S・ノールズ**（M. S. Knowles）である．ノールズは成人として成熟するなかで子どもとは違う学習者の特性が次のように現れると考えた．

　まず，成人の学習者は自分たちで自分たちの学習場面をつくろうとする，つまり自己決定的であろうとする存在である．また，彼らが職業などを通して身につけた知識や技術，経験してきたことを，学習の機会を充実させる資源としてい

かしていくことができる．さらに，彼らは自分たちの生活のなかで学習の動機づけを行い教育の場面にやってきている．そして，学んだことをすぐに生活にいかそうとするという特性である．成人教育の場面では，こうした特徴に配慮をして事業を組み立てたり働きかけをしたりすることが有効になるといえ，成人の学習者に対して教えるというよりも援助してともに考えるという態度をとったり，経験を引き出したり，同じような立場の学習者のつながりをつくったりできるような働きかけをすることが考えられる（Knowles, 1980，堀・三輪監訳，2002，pp.40-58）．

「自分たちで決めたい」と考えるおとながいる一方で，おとなだからといって誰もが自律的であるとは限らない．おとなであっても「マニュアルが欲しい」「プログラムを用意して教えてほしい」というように他者に依存した態度の学習者が存在することを指摘する議論もある（Brookfield, 1986, p.111）．社会教育の場面では，さまざまな立場や状況におかれるおとなが学んでいる（おとなと子どもが混ざっていることもある）ため，子どもだけを対象にした学校教育とは異なる工夫が求められることや学習支援が一筋縄ではいかないことも多々あるといえるが，そうした場面でいかに工夫をするかが社会教育の面白さでもある．

7.4　ボランティア活動を通した学び

主体性を発揮しながら学びを深められるように工夫された取り組みに，社会教育施設などでの**ボランティア**がある．ボランティアときくと，福祉施設や自然災害などによる被災地支援の活動を思い浮かべるかもしれない．その活動は困っているひとに手を差し伸べる行為であり，報酬不要の奉仕として捉えられることが多いだろう．しかし，**ボランティア活動**は多様な内容で行われるものであり，その過程には教育効果があると考えられてきた．社会教育の場面では，ボランティア活動への参加やそこでの主体的な活動が学びにつながるという考えから，行政の施策などではボランティア活動が推進され，社会教育施設などでのボランティアの受け入れやボランティアへの学習支援が行われてきた．

さまざまな社会教育施設のなかでも博物館でのボランティア活動は活発だといえる．展示室で資料などの解説をする場面（**ギャラリートーク**などといわれる）に遭遇すると，解説者＝学芸員だと考えるのが一般的だろう．しかし，解説をしているひとはボランティアかもしれない．展示解説を担うボランティアの養成は多くの博物館で行われており，その活動内容は展示室の解説にとどまらない広が

りがみられる．全国に先駆けてボランティアを導入した美術館の1つである北海道立近代美術館では，ボランティアが売店の運営をしたりボランティア自身の研修を行ったりと幅広い活動を担ってきた（北海道美術館協力会，1988）．

博物館で活動するボランティアは自らの興味や関心が深い分野について学び，その成果をいかして活動している．美術館の場合で考えるなら，美術が好きでそれまでに経験したことや学んだことをいかしたいと考えていたひとが，ボランティアとして美術館で活動しながら更なる知識や技術を身につけるということが考えられる．ボランティア活動を通して所蔵資料について学んだことをいかし，展示解説用のワークシートを作成することによって，他の来館者に対して展示解説を行うこともある．こうしたボランティア活動と学習との関係は，1992年の生涯学習審議会答申「今後の社会の動向に対応した生涯学習の振興方策について」で次のように整理されている．①ボランティア活動そのものが自己開発，自己実現につながる生涯学習になる．②ボランティア活動を行うために必要な知識・技術を習得するための学習として生涯学習があり，学習の成果を生かし，深める実践としてボランティア活動がある．③人びとの学習を支援するボランティア活動によって，生涯学習の振興が一層図られる．ボランティア活動が盛り上がることによって，博物館における学びは多様で豊かなものになってきたといえる．

ただし，ボランティア活動を通した学びを深めるためには，ボランティアが主体性を発揮できるような学習環境を整えようとする博物館（学芸員）の態度が求められるといえよう．ボランティアの存在が博物館の人手不足解消のための労働力のように捉えられると，学習支援は煩わしい作業になる可能性がある．社会教育の場面では，遠回りになること，時間がかかること，試行錯誤をすることが豊かな学習につながるという考え方が，重要な意味を持つのかもしれない．

7.5 学習環境をともにつくりあげる存在としての学習者

社会教育の場面では学習者＝社会教育をともにつくりあげる存在として，学習者が主体的に自分たちの活動づくりにつなげられるような支援を考えることを大切にしてきたといえる．つまり，ボランティアをはじめさまざまなかたちで博物館を利用するひとたちは，学芸員たちと一緒に博物館をつくりあげる存在でもあると捉えられるということである．

たとえば地域との連携を意識した活動を蓄積した平塚市博物館では，相模湾の

漂流物を調査して展示をつくるなど，古くから市民参加による博物館活動が行われてきた（浜口，2000）．平塚市博物館では担当の学芸員と市民が地層などを調査し発表して学びを深めたり（「地球科学野外ゼミ」），平塚での生活史を聞き取りまとめたり（「聞き書きの会」）と，市民の参加を得ながら変化する地域の記録を作成する活動が継続的に行われている．

　他にも，博物館を拠点に人口減少や災害に備えることを意識した教育事業を行おうと，和歌山県立博物館では市民団体などと協力しながら地域の災害史について調査して記録をまとめ発信している（前田，2019）．また，和歌山県立紀伊風土記の丘では地域の魅力を発信する活動の一環でボランティアが作製した実物大の埴輪を並べるなど，地元の史跡の復元作業を市民の参加を得ながら進めている（萩野谷，2019）．

　こうした市民参加による学習活動を通して，参加者は学びながら学芸員とともに博物館の学習環境をつくる存在になる．また，こうした相互的な学習関係が成立することで参加者の博物館に対する親近感や地域への関心が高まること，博物館の教育活動がさらに多様で活発になることも期待できよう．

　さらにいえば，博物館は利用者との相互関係のなかで知識を創造する機関だということができる．博物館での学びというと，学芸員による研究成果である知識やそれをもとにつくられた展示からのメッセージを受け取ることを想定するだろう．もちろん，実物資料をもとにした研究成果としての知識は博物館の存在を支える基礎となる重要な意味を持つ．しかし，知識やその正当性は必ずしも不変とは限らないといえるし，展示を通して発信されるメッセージが持つ意味も社会の変化や個人的な背景によって変わりうるものである．

　こうした立場で教育を考えることは，利用者が「ものを知らない」ことを不安に感じることなく学べる環境をつくることを可能にしたり，変化の激しい多様な価値観が尊重される社会での博物館のあり方を問い直したりすることにつながる．博物館は，利用者／利用するかもしれないひとたちにとってどのような存在であるか，展示が利用者にどのような意味をもたらすかを繰り返し問い直すことによって，意味のある知識を創造することができるのである（Hein, 1998, 鷹野監訳，2010）．

7.6　多様な学習機会の創造に向けて

　繰り返しであるが，教育は学校だけで行われているわけではないし，子どもだ

けでなく，おとなも学んでいる．本章では博物館を中心にみてきたが，地域には
さまざまな教育の場面がある（第8章参照）．他の社会教育施設や団体などによ
る活動の場面でも，地域の学びの場としておとなも子どもも学びを深めることが
できるように，学校教育とは異なる方法や内容での教育が行われている．

　ここまでにみてきたように，社会教育の場面では学習者の主体性を尊重したり
主体性をはぐくんだりする姿勢で，学習者と指導的立場のひと，学習者同士の相
互性を大切にしながら教育が行われている．また，生涯学習や社会教育の領域で
は，年齢の違いや障害の有無といったことにかかわらず多様な立場のひとたち
が，地理的・物理的制約（遠方で博物館を利用できない，入院しているなど），
心理的制約（知らないこと・自分とは関係のないことばかり展示される博物館に
は行きにくいなど）を超えて学習機会を得られるよう**学習者理解**を試みたり，教
育内容や方法の工夫をしたりしている．

　社会教育は学校教育と異なる特性を持つといえるが，両者は別々に考えられる
だけでは不十分である．多様で充実した学習機会をつくるために，協働すること
が有効な状況もあるだろう．意味のある協働関係を築くためには両者の特性を理
解している必要があるといえ，そのためにも，学校教育だけでなく社会教育の領
域にも，また，子どもだけでなくおとなの学びにも目を向けていくことが不可欠
になる．

　誰もが同じように学べる環境をつくることは非現実的だといえるが，学習者へ
の理解を深め学習者へのかかわり方を多様にすることによってその理想に少しで
も近づくことが可能になるといえよう．

7.6　多様な学習機会の創造に向けて　　*81*

これから教育を学ぶあなたへ

　本書を手に取るまでは「お客さん」として地域の教育事業に参加したり何となく社会教育施設を利用したりしていたひとは多いのではないだろうか．もちろんそうした利用方法も1つであるが，これからは，学習の支援者になるかもしれないという意識で地域の学習機会や社会教育施設のあり方について考えてみよう．

　そうしたことを考えるためには，自分たちが暮らしている場所がどのような状況におかれているか，また，どのような団体や社会教育施設があるかを知ることが必要になる．まずは自分たちが生活する地域のなかにある社会教育実践に目を向けてみよう．社会教育は決められた内容・方法があるわけではなく工夫次第で大きな可能性を引き出せる．だからこそユニークな社会教育実践をつくるひとたちの多くは，前向きでエネルギーに満ちあふれている．さまざまな工夫を重ねるひとたちの存在に触れることで，地域のみえ方が変わってくるかもしれない．

引用文献

Brookfield, S. D.：*Understanding and Facilitating Adult Learning: A Comprehensive Analysis of Principles and Effective Practices*, Jossey Bass, 1986

荻野谷正宏：実物大の埴輪づくり．In 青木加苗（編著），まもって，そだてる和歌山県の博物館活動，pp.70-71，和歌山県立博物館施設活性化事業実行委員会，2019

浜口哲一：放課後博物館へようこそ──地域と市民を結ぶ博物館，地人書館，2000

Hein, G. E.：*Learning in the Museum*, Routledge, 1998（ジョージ・ハイン（著）鷹野光行（監訳）：博物館で学ぶ，同成社，2010）

広瀬浩二郎：はじめに──「ユニバーサル・ミュージアム」とは何か．In 広瀬浩二郎（編著），さわって楽しむ博物館──ユニバーサル・ミュージアムの可能性，pp.9-11，青弓社，2012

北海道美術館協力会（編）：北海道美術館協力会10周年記念誌──1977～1988，pp.14-46，北海道美術館協力会，1988

Knowles, M. S.：*The Modern Practice of Adult Education: From Pedagogy to Andragogy* (Revised and Updated), Prentice Hall, 1980（マルカム・ノールズ（著）堀薫夫・三輪建二（監訳）：成人教育の現代的実践──ペダゴジーからアンドラゴジーへ，鳳書房，2002）

前田正明：災害の記憶プロジェクト．In 青木加苗（編著），まもって，そだてる和歌山県の博物館活動，pp.42-45，和歌山県立博物館施設活性化事業実行委員会，2019

日本博物館協会：博物館研究，**50**（11），2015（特集「いま考える，イルカと水族館」）

コラム7

シャチとの信頼関係の秘訣は，人間の
教育について学んだなかにありました

木内　遼介

　私は，大学時代，教師志望の同級生もいる環境で，教育学について学びました．そして現在，小学校2年生からの夢を叶え，シャチの飼育員として，トレーニングや健康管理とともに，パフォーマンスを通して，シャチの魅力を伝えています．

　人間の教育とシャチのトレーニングには，異なることも，共通することもあります．たとえば相手に何かを伝えるとき，教えるときに大切なことは何でしょうか．私は「相手を理解すること」がもっとも大切であると考えています．

　大学生のとき，1年間，母校の小学校で4年生20人程のクラスでの水泳指導を行う機会がありました．指導を進めていくなかで，私の話をしっかり聞き，教わったポイントを意識しながら泳ぐ子どもと，話を聞かずに近くの友だちと会話をしたり，ふざけたりしていて，次に何をすればいいのかわからなくなってしまう子どもがいることに気づきました．このままでは話を聞く子どもと，そうでない子どもとの間に上達の差ができてしまうと思い，ある日思い切って水泳指導を中断し，「なぜ話を聞かずに他のことをするのか」と問いかけました．すると，子どもたちからは「先生の授業は難しくて面白くない」と返ってきたのです．

　何かを伝えたり，教えたりするとき，伝える（教える）側と聞く（教わる）側の双方が「伝えたい（教えたい）」「聞きたい（教わりたい）」という意欲を持ち，そうした互いの気持ちが一致することが必要です．しかしながら当時の私は，「伝えたい（教えたい）」という気持ちが強かったあまりに，子どもたちの「聞きたい（教わりたい）」という意欲を育み，尊重することにまでは十分な考えが及ばず，話を聞かない子どもを「聞く気がない，やる気がない」と捉え，子ども側に上達できない原因があると思ってしまっていたのです．

　このことに気づいてからは，私自身が小学校4年生になったつもりで，どのような説明の仕方であれば，クラス全員が「興味や関心を持って話を聞きたいと思えるか」「『あんなふうに泳げるようになりたい』と意欲を高めることができるか」「泳ぐことを楽しみながら上達させることができるか」と，自分の指導内容や方法を考

え直しました．そして，日本語で説明した後に，あえて「アンダースタンド？」と英語で問いかけたり，言葉で伝えるだけではなく，私が実際に泳ぎながら伝えたいポイントを示したりしました．すると子どもたちは，クスッと笑いながら集中して話を聞くようになり，私が伝えたいポイントを意識した泳ぎ方に変化したのです．

　トレーナーとシャチの間にも，教える側，教わる側の関係性があります．シャチには，ジャンプなどのパフォーマンスで行う動きの他にも，シャチの健康管理をするために必要な動きなど，さまざまな動きを教えます．人間を相手とする教育との最大の違いは，言葉による説明では伝わらないことです．だからこそわかりやすく簡潔に教えることを意識しています．とくに，はじめからすべての動きを完璧にマスターするように教えるのではなく，一歩ずつステップアップし，できたらその都度，褒めて，できたことに対する喜びを表現して伝えることを心がけています．

　たとえばシャチが2つの課題を順番にこなす必要があるとき，1つ目ができたからといって，次にすんなりと2つ目もできるとは限りません．ときには，1つ目から2つ目へと進める間に，いくつかの課題を設定して徐々にステップアップしたり，1つ目に戻って復習したり，あるいは1つ目より前の段階に戻ることもあります．どのようなときであっても，トレーナーがシャチの小さな成長に気づいて認めると，シャチにも自信がつきます．そしてトレーナーがシャチの成長への喜びを表現して伝えると，そのトレーナーに対して信頼を示す動きをみせるようになり，「また褒めてもらえるように頑張ろう」との向上心からトレーニングをするようになります．

　先の水泳指導の例でも，自ら学ぶ意欲が大事でした（大学時代の学びとの関係でいえば，モンテッソーリ教育の「自己教育力」に近いかもしれません．興味を感じた方は，ぜひ調べてみてください）．生物学的に異なる生きものであっても，人間にもシャチにも自ら学ぼうとする姿勢があります．だからこそ，何かを伝え，教えるときには，できない（できなかった）ことよりも，まず「やってみよう」と思って挑戦したことを認めることが大事ではないでしょうか．そして，わずかでも成長がみられたときには，その努力を認め，一緒に喜ぶ．これは相手を理解し，理解していることを相手に示し返すことでもあります．こうしたかかわりを受けることで，達成感を感じ，自ら学ぼうとする意欲や姿勢が増し，信頼関係の形成にもつながっていくと思います．大学時代から現在のシャチの飼育員としての日々のなかで，最初から全部できる子どももシャチもいないからこそ，新たなことができるようになる楽しみや喜びがあり，ゆっくりであっても，その一歩ずつが新たな成長につながっていくことを実感しています．

第8章 いつでも学び直せることも，新たなつながりを生むことも，教育の魅力です

山本　珠美

誘いのことば

　私はいま大学教員をしているが，大学では誰が学んでいるかご存知だろうか．高校を卒業した（あるいはそれに準じる）20歳前後の学生に決まっているではないか，と思っただろうか．その回答は決して間違いではない．ただし，それだけでは不正解である．芸能人が30代や40代，あるいはもっと年を重ねてから大学に入学し，卒業したというニュースを見たことがあるだろう．それは一部の特別なひとだけのことではない．学ぶという行為に年齢制限はなく，実際に私は大学で10代から80代までさまざまな年齢の学生・受講生に教えた経験がある．

　本章では，大学をはじめさまざまな教育機関において，年齢や国籍，障害の有無などに関係なく，学びたいひとを支援すること，そして，多様な属性を持つ人々とともに生きる「共生社会」の実現のために教育は何ができるかということについて，みなさんと一緒に考えたい．

8.1　学びたいときに学べる（学び直せる）

8.1.1　義務教育の学び直し

　日本では，**憲法**，**教育基本法**および**学校教育法**によって，保護者は子に9年の普通教育を受けさせる義務があると定められている．具体的には，**学校教育法**第17条で「子の満6歳に達した日の翌日以後における最初の学年の初めから，満12歳に達した日の属する学年の終わりまで」は小学校（または義務教育学校の前期課程，特別支援学校の小学部）に，「子が小学校の課程…（中略）…を修了した日の翌日以後における最初の学年の初めから，満15歳に達した日の属する

学年の終わりまで」は中学校（または義務教育学校の後期課程，中等教育学校の前期課程，特別支援学校の中学部）に通わせることになっている．これが日本の**義務教育**であり，6歳から15歳までの子どもは，原則として全員，学校に通うことになっている．

　しかし，法律の定めにもかかわらず，何らかの事情により上記年齢（学齢）において学校に通うことができず，本来受けるべき義務教育を受けられていない**不登校児童生徒**や，受けられないまま学齢を過ぎてしまった人々は存在する．そのようなひとに「**学び直し**」の機会を提供することが，社会的な課題となっている．

　岡本薫は，**生涯学習**（第7章参照）には，①労働者の継続教育訓練の推進を中心とする「西欧モデル」，②基礎教育の普及率・修了率の低さを補うことを中心とする「途上国モデル」，③精神的な面での生活の質の向上にも重点を置く「日本モデル」の3つがあると述べた（岡本，1997）．このうち②の基礎教育における「学び直し」は，貧困や紛争などによって学校に通えない子どもが多く，成人の識字率が低い発展途上国の課題と考えられる傾向にあったが，日本も無関係というわけではない．

　2016年に制定された「義務教育の段階における普通教育に相当する教育の機会の確保等に関する法律」（略称・**教育機会確保法**）は，不登校児童生徒に対して教育機会の確保などを行い，あわせて，義務教育を修了しないまま学齢期を経過したひと，さまざまな事情により十分な教育を受けないまま中学校段階を卒業したひとに対して，地方公共団体は「夜間その他特別な時間において授業を行う学校における就学の機会の提供その他の必要な措置を講ずるものとする」（第14条）と定めている．

　中学校夜間学級（いわゆる**夜間中学**）とは，夜の時間帯などに授業が行われる公立中学校のことであり，義務教育を受ける機会を実質的に保障するための役割が期待されている．また，SDGs（Sustainable Development Goals，2015年9月の国連サミットで採択された2030年までの目標）の目標4「質の高い教育をみんなに」の観点から，国内の外国人や外国にルーツのあるひとが国民と同様の教育を受けられるよう，夜間中学への積極的な受け入れも期待されている．実際に，夜間中学では年齢や国籍などにおいて多様な属性を持つ人々がともに学んでいる．

　2024年10月現在，夜間中学は全国で32都道府県・指定都市に計53校が設置されている（なかでも，東京都足立区立第四中学校の夜間学級は，1951年に当

時の校長の強い熱意で始まった歴史の古い夜間中学である）. 2023 年 6 月 16 日に閣議決定された第四期教育振興基本計画（注：教育基本法第 17 条第 1 項にもとづき政府に制定が義務づけられている基本的計画で，現行の第四期は 2023 ～ 2027 年度の五か年計画）に「全ての都道府県・指定都市に少なくとも一つの夜間中学が設置されるよう促進する」と明記され，その設置が進められている.

8.1.2　社会人の学び直し —リカレント教育—

学び直しは義務教育段階に限らない. 高等教育段階における「社会人の学び直し」にも注目が集まっている.

20 世紀は，人生を教育・仕事・引退の 3 つのステージにわけ，教育→仕事→引退という順番で同世代が一斉行進する生き方が一般的であった. これは**フロント・エンド・モデル**（front-end model）といわれ，仕事を始める前の人生の前半に長くフルタイムの学校教育を受け，仕事に従事すると教育の場に戻ってくることは稀であった. しかし，リンダ・グラットンとアンドリュー・スコットは，長寿化が進んだこれからの人生 100 年時代においては，一斉行進ではなく，どのステージを，いつ，どの順番で，何度経験するか，一人一人が自ら決める「マルチステージの人生」が，今後の生き方になるという（Gratton & Scott, 2016）.

マルチステージの人生を送るうえで鍵となる考え方の 1 つが**リカレント教育**（recurrent education）である. リカレント教育は，人生初期に学校教育を終えた後も，教育を受ける期間と就労や余暇などの教育以外の期間を交互に繰り返すことによって，教育ステージをひとの生涯にわたって循環させるという考え方である. その構想は，1968 年の第 6 回ヨーロッパ文部大臣会議でスウェーデンのパルメ（O. Palme）が新しい教育政策の方向性として提示したことに端を発し，その後 1973 年には **OECD（Organization for Economic Cooperation and Development, 経済協力開発機構**）の CERI（Centre for Educational Research and Innovation, 教育研究革新センター）が報告書をまとめ（OECD/ CERI, 1973），各国に広まった.

日本では，1970 年代から OECD の議論を参考としつつ，リカレント教育を学校教育（中等，高等教育）修了後いったん社会に出た後に行われる教育であり，主に大学において社会人が仕事から離れて受けるフルタイムの教育，あるいは，仕事と両立しながら受けるパートタイムの教育という意味で用いている. 第四期教育振興基本計画（既述）の「目標 8　生涯学び，活躍できる環境整備」でリカレント教育の充実に触れるなど，とりわけ近年重要な政策の 1 つとなっている.

社会人がリカレント教育の機会を享受するためには，第一に，大学などが社会人に開放されなければならない（出相，2023）．日本は他国に比べ大学開放が不十分であるといわれていたが，1970年代以降徐々に進み，現在では多くの大学で学部・大学院の正規課程への入学にあたって社会人経験を考慮する社会人特別入試（社会人特別選抜）が設けられている．入学後は，昼夜開講制やオンライン開講など，社会人が学びやすい工夫もみられるようになっている．

近年複数の大学（大学院含む）で実施されている取り組みに「**履修証明プログラム**」（学校教育法第105条）がある．大学は，**学位**（学士，修士，博士）取得のための正規課程とは別に，社会人などを対象とする60時間以上の学習プログラム（＝履修証明プログラム）を開設し，その修了者に対して履修証明書（Certificate）を交付できるようになっている．2024年7月現在，たとえば，東京大学大学院情報学環／生産技術研究所では災害対策のリーダーを養成する「災害対策エグゼクティブプログラム」，早稲田大学ではDX（Digital Transformation，デジタルトランスフォーメーション）人材育成のための「スマートエスイー」など，複数の履修証明プログラムを開設している．日本女子大学リカレント教育課程や京都女子大学リカレント教育課程のように，キャリアアップや再就職を希望する女性のための履修証明プログラムを開設する例もある．

その他，短期間で修了する**公開講座**（学校教育法第107条）を設けている大学も多い．入学試験はなく，比較的安価に，講座によっては無料で学ぶことができるため，正規課程への入学や履修証明プログラムの聴講より敷居は低い．明治大学リバティアカデミーや龍谷エクステンションセンターでは，多岐にわたる講座が開設されている．本格的に学ぶにはやや物足りないかもしれないが，導入として活用することは大いにありだろう．

このように，大学などにおいて社会人が学びやすい環境整備は進みつつあるが，リカレント教育をより一層推進するためには，第二に，社会人の学習する権利が尊重され保障されること，すなわち職場側の環境整備も必要である．たとえば，就業時間の柔軟化や**有給教育訓練休暇**（職業人としての資質の向上その他職業に関する教育訓練を受ける労働者に対して与えられる有給休暇）の付与などが挙げられる．**職業能力開発促進法**第10条の4には，これらに関する規定が設けられている．

なお，現在の日本の政策においては，主に産業界と連携した職業実践力の向上につながる学びをリカレント教育として推進しているが，大学などが提供してい

るリカレント教育はそれだけに限らない．立教セカンドステージ大学は，立教大学が設立した50歳以上を対象とする履修証明プログラムで，「学び直し」「再チャレンジ」「異世代共学」を目的に人文学的教養の修得を目指している．特定の専門的職業的知識ではなく，**教養**（精神を豊かにし，人格を養うこと）を学ぶことも大学教育の重要な一部である．

そもそも，先に述べた義務教育期間を除けば，ひとが学ぶ年齢に関して法律上の定めはない．横並び意識が強いといわれる日本では，高等学校は中卒後直ちに，大学は（1～数年のブランクを有する例はあるにせよ）高卒後直ちに進学するひとが多数を占めるのが実情だが，法律上は何歳で入学（再入学）しても構わない．学ぶことに年齢制限はないのである．

補足になるが，同年齢による一斉行進の学びを見直して「学びたいときに学べる」システムを構築するにあたっては，ここに述べた学び直しの議論とともに，早修教育や拡充教育といわれる，特別な才能を持った子どもが先んじて学ぶこと（飛び級など）を可能とする方策もあわせて検討しなければならない．現行法の枠内ではできることに限りがあり，今後の課題となっている．

8.2 共生社会の実現のために教育は何ができるか

8.2.1 ひとは何を学ぶのか

ここまで述べてきた通り，いつでも学び直せる制度は整いつつあるが，義務教育であれ高等教育であれ，そもそもひとは一体何を学ぶべきであろうか．学校教育では国語や英語，算数（数学），理科，社会といった教科を学ぶが，このような体系的知識に加えて，集団活動などを通してコミュニケーション能力や協調性などの**非認知能力**を身につけることも期待されている．また，**社会教育**においては，個々人の自主的・自発的な学びによる知的欲求の充足，自己実現という「人づくり」に加え，住民同士の「つながりづくり」，住民の主体的参画による「地域づくり」のための学びが必要であるといわれる（第7章参照）．

「ひとは何を学ぶべきか」という点については多くの論者がさまざまな観点から論じている．ここでは**ユネスコ**21世紀教育国際委員会が「教育を特定の目的（知識や資格，あるいは経済的な可能性の向上など）の達成手段として捉えるだけでなく，全き人間への発展過程と考えるべき」という観点にもとづき提示した「学習の四本柱」を紹介しよう（UNESCO, 1996, 天城監訳, 1997）．ひとの生涯にわたる学習には4つの柱があるという．

1つ目の柱は「**知ることを学ぶ**」（learning to know）である．知識は絶えず進歩し増加し続けるものであり，知識の獲得は不断の過程とならざるを得ない．そのため，知識そのものを学ぶことに加え，集中力や記憶力，思考力などの「知識の獲得の手段」を習得すること，「いかに学ぶか」を学ぶことが重要である．

2つ目は「**為すことを学ぶ**」（learning to do）である．学んだ知識を実践に結びつけるということであるが，そのためにはコミュニケーション能力，協調性，判断力，問題解決能力などが重要となる．とりわけ近年は，VUCA（Volatility「変動性」・Uncertainty「不確実性」・Complexity「複雑性」・Ambiguity「曖昧性」の頭文字を取った造語）の時代といわれ，将来の予測が困難な状態にある．そのようななかにあっては，これまでの実践方法のみならず，将来の創造につながる新規のやり方が求められることもあろう．

3つ目は「**（他者と）共に生きることを学ぶ**」（learning to live together, **learning to live with others**）である．自分たちとは民族，宗教をはじめさまざまな点で異なるところのある「他者」の考え方を学ぶこと，そしてスポーツや文化活動，ボランティア活動など，共通目標のための共同作業を経験すること，これらの方法により憎悪や暴力につながる無理解を回避し，紛争を解決することが期待されている．これこそが，現代の教育にとって最大の課題の1つとされている（次項で詳述）．

最後は，「**人間として生きることを学ぶ**」（learning to be）である．一人一人が豊かな人間性を備えたひととして成長すること，人格形成のための学習である．

以上をまとめると，現代社会において教育とは，人々の知識・技能の習得を支援するにとどまらず，獲得した知識・技能を用いてよりよい社会——異なる属性を持つ多様な他者と共生する社会——のために，想像力と創造性を持って行動できる人材を育成することといえるだろう．このような教育は，人生における特定の時期，特定の場所だけで実現できるものではない．あらゆる段階の学校，各種の社会教育施設，NPO，民間教育文化産業など，教育にかかわるすべての組織・団体が連携・協働してつくりあげていかなければならないものである．

8.2.2 多様性（ダイバーシティ）と包摂（インクルージョン）

「学習の四本柱」の3番目，「共に生きることを学ぶ」について，もう少し考えてみよう．

学びの場はひとと出会い，つながる場でもある．学校に行けば，先生，同学年

の友人，先輩，後輩などと出会う．ただし，日本の学校は同年齢で比較的属性の近い子どもたちの集団による学びの場となっており，障害のある子どもや国籍の異なる子どもとともに学ぶ機会は限られている．前節で述べた夜間中学や大学・大学院（の一部）では多様な属性を持つ人々がともに学んでいるものの，多くの学校はそうなってはいないのが実情である．

しかし，社会は多様な属性を持ち，多様な考え方を持つ人々で構成されており，学校を一歩出ればそのような異質な他者とともに生きていかなければならない．そのための第一歩は，お互いの存在に触れることである．

近年，教育を含むさまざまな領域において，**多様性（diversity，ダイバーシティ）と包摂（inclusion，インクルージョン）**という言葉がしばしば使われる．多様性とは集団に性別，年齢，障害の有無，国籍などにおいて違いを持った人々が所属している状態を指す．包摂は，聞き慣れない言葉かもしれないが，排除（exclusion）の対義語であり，多様な人々がお互いを認めている集団の状態を指す．多様性とともに包摂という考え方が広がってきたのは，単に多様な属性の人々が集団に存在しているだけでは不十分であり，「お互いを認めている」ことが重要だからである．第四期教育振興基本計画が「多様性の尊重によるマジョリティの変容を重視する」と述べているように，従来の価値観を変えないまま異なる属性のひとを受け入れるのではなく，お互いの考えを認め合い，新しい価値を創造することで，集団が活性化するという視点を持つことが大切である（朝日新聞「SDGs ACTION!―D&I（ダイバーシティー＆インクルージョン）とは」参照）．

教育分野では**インクルーシブ教育（inclusive education）**という言葉も使われている（第3章参照）．**障害者基本法**は第1条で「全ての国民が，障害の有無によって分け隔てられることなく，相互に人格と個性を尊重し合いながら共生する社会を実現する」と謳っており，さらに教育について定めた第16条は，その第3項で「国及び地方公共団体は，障害者である児童及び生徒と障害者でない児童及び生徒との交流及び共同学習を積極的に進めることによって，その相互理解を促進しなければならない」と規定している．交流や共同学習の大切さは児童・生徒にとどまらない．第四期教育振興基本計画は，第三期に引き続き，障害者の生涯学習の振興を重点項目に挙げており，たとえば仙台市生涯学習支援センターでは，2023年度からおおむね月一回，障害のあるひととないひとがともに文化活動やスポーツ活動をする「ミンナシテマザール」という取り組みを実施している．また，パラリンピックの正式種目であるボッチャは「年齢，性別，障がい

8.2　共生社会の実現のために教育は何ができるか　　*91*

のあるなしにかかわらず，すべての人が一緒に競い合えるスポーツ」（日本ボッチャ協会 Web サイト（https://www.japan-boccia.com/about/）より）であり，各地の公民館や体育館で教室が開催されている．

インクルーシブ教育という言葉は，障害の有無にかかわらずともに学ぶという文脈で使われることが多いが，その意味するところはもっと広い．ユネスコによれば，私たちは「障がいのある人々だけでなく，ジェンダー，年齢，居住地，貧困，ハンディキャップ，民族性，先住民性，言語，宗教，移民や避難民という立場，性的指向や性自認，性表現，投獄経験，信念，態度といった理由で他者を排除している」(UNESCO, 2020，訳は日本語要約版による)．排除され，孤立する傾向にある人々をいかにして包摂するかは現代社会の大きな課題である．

異なる属性，異なる価値観を持つ他者が集えば摩擦や葛藤が生じるのは当然である．しかし，異なる考え方をぶつけ合いながら対話をするからこそ，多様な解決策を見出すことが可能となる．多様性の時代に必要な新しい価値を創造していくことは，現代人の使命である．

8.2.3　社会教育の役割―「つながりづくり」と「地域づくり」―

先に，学びの場はひととつながる場でもあると述べたが，学びの場＝つながりの場は学校だけにとどまらない．**社会教育法**にもとづく**社会教育施設**の１つである**公民館**は，年齢，性別，その他においてさまざまな属性を持つ地域住民が，誰でも集い，学ぶことができる場であり，学校以上に多様な人々との出会いがある（前項で挙げた仙台市生涯学習支援センターは，社会教育法第24条にもとづく公民館の一種である）．公民館は地域住民の「学習拠点」であり，同好の士が集まって文化活動やスポーツ活動を行う「交流拠点」である．そして，これらの学習活動・交流活動によって生じた住民同士のつながりから地域づくりの活動が生まれることはしばしばあり，公民館はそのための「活動拠点」ともなっている．

地域社会のなかには公民館以外にも，厳密にいえば教育法制にもとづく教育機関には分類されないものの，地域課題解決の学びを促し，「人づくり，つながりづくり，地域づくり」の拠点となっている施設がある．香川県丸亀市にある市民

丸亀市市民交流活動センター（筆者撮影）
※写真の左は市役所につながっている

交流活動センター（通称・マルタス）は，市のシンボルである丸亀城の目の前に2020年3月に開館した市役所と直結した施設である．「#01 想いをカタチにする活動支援サービス」「#02 いつ来ても開いている公共空間」「#03 誰もが集える居心地の良い滞在空間・ブック＆カフェ」「#04 子どもとの交流を深めるキッズスペース」「#05 学習・作業・仕事に集中できる学習スペース」「#06 開放的で個性のある貸会議室」「#07 オープンな空間で年中楽しめる多種多様なイベント」「#08 まちの『ヒト・コト・モノ』と出会う地域情報発信」の8つの機能を持ち，老若男女が集う「人づくり，つながりづくり，地域づくり」の総合的な拠点となっている．

　その他にも，自治体によっては防災や環境，国際化などの特定の課題に特化した，防災学習センターや環境学習センター，国際交流センターなどが設置され，地域住民のための各種講座が開かれている例もある（第7章参照）．

　公民館をはじめとするこれらの施設では，地域課題について学ぶことを通して地域住民同士が交流し，そのなかからさまざまな地域活動が生まれている．たとえば，千葉県船橋市の「ふなばし市民大学校」は，「豊かな人生をおくるために自分らしく学ぶ場」「地域活動の担い手，支え手づくりの場」「知識を共有した縁でつながる学びと活動循環の場」という「学ぶ場」「活かす場」「つながる場」を市民に提供し，修了後は同窓生が互いに交流を深めながら地域活動を行っている．

　高齢社会が進むなか，高齢者の抱える課題（健康，孤独など）は当該個人だけではなく社会の課題として対応しなければならない．1980年代から自治体に設置が進んだ**高齢者大学**（シニア大学，長寿大学など）は，おおむね50〜60歳以上の地域住民が「シニア世代の多様な生き方，価値観を大切にしながら，自ら地域課題に気づき，学習を通して社会参加のきっかけをつかみ，社会の一員として地域とかかわる人材を育むこと」（例：長野県シニア大学Webサイト（https://nicesenior.or.jp/daigaku/）より）を目的に開設されている．高齢者がケアの対象ではなく，社会参加する一員として捉えられているのが特徴である．

　親たちが子育てについて学び，気軽に集い，悩みを共有できる居場所も地域のなかには必要である．公民館や児童館などに開設されている「子育てサロン」「親子の広場」では，子ども同士の交流のみならず，保護者が悩みを分かち合い，育児のアドバイスをもらうなど，親同士も交流が図れるようになっている．これらの取り組みを支えるボランティア養成講座も行われ，「地域で子育て」の一端を担っている．

　自然災害の多い日本では，それぞれの土地で想定される災害に備えた防災学習

は必須である．災害時には避難所として使われることもある公民館では，街歩きをしながら防災マップを作る講座や防災食・非常食の講座，避難所体験など，普段から防災にかかわる講座や避難訓練・防災訓練などを実施している（全国公民館連合会，2023）．

その他にも，グローバル化が進む地域社会においてさまざまな国籍を有する住民同士の相互理解を進めるため，日本の伝統料理と在住外国人の出身地の郷土料理を相互に学び合うという取り組みもある．これらに共通するのは，学習を通して地域住民同士が交流し，その学習・交流が地域活動につながっていることである．地域のなかには学校以外にもさまざまな学習・交流・活動のための施設が存在している．ぜひ身近にある施設に足を運び，多様な学びの実態を知ってほしい．

― これから教育を学ぶあなたへ ―

　教育や学習を必要以上に堅苦しく考えていないだろうか．確かに，受験のために暗記をしなければならないという場面は多い．語学の学習では多くの単語を覚えることは避けられない．そのため，「勉強＝苦しい」というイメージを持っているひとは少なくないだろう．しかし，学習は「楽習」であり，本来楽しいことである．学習によって新しい知識を得ることで，あなたの世界は広がり，人生が豊かになる．新しいものの見方を得て，「こうでなければならない」という凝り固まった考え方から解放されて，生きるのが楽になることもある．試験のための勉強だけが学習のすべてではない．

　本章で述べてきたように，いつでも学び直せること，新たなつながりを生むことは，教育の魅力である．人生を豊かにする，そのための学習を支援する方策を考えることが「教育を学ぶ」ということなのである．

引用文献

朝日新聞：SDGs ACTION！―D&I（ダイバーシティー＆インクルージョン）とは　https://www.asahi.com/sdgs/article/14680034（2024.7.24 最終閲覧）

出相泰裕（編）：学び直しとリカレント教育―大学開放の新しい展開，ミネルヴァ書房，2023

Gratton, L. & Scott, A.：*THE 100-YEAR LIFE*, Bloomsbury, 2016（池村千秋（訳）：ライフシフト―100年時代の人生戦略，東洋経済新報社，2016）

OECD/CERI：*Recurrent Education: A Strategy for Lifelong Learning*, 1973（リカレント教育―生涯学習のための戦略，教育調査，第88集，文部省大臣官房，1974）

岡本薫：行政関係者のための新版入門・生涯学習政策，全日本社会教育連合会，1997

UNESCO：*LEARNING: THE TREASURE WITHIN, Report to UNESCO of the International Commission on Education for the Twenty-first Century,* 1996（天城勲（監訳）：学習 秘められた宝—ユネスコ「21世紀教育国際委員会」報告書，ぎょうせい，1997）

UNESCO：*Global Education Monitoring Report, 2020: Inclusion and Education: All Means All,* 2020

全国公民館連合会（編）：公民館における災害対策ハンドブック 第3版，第一法規，2023

コラム 8

子どもにもおとなにも，地域のなかに 安心できる居場所が必要です

八木　晶子

　ワークスペースさきちゃんちは，東京都文京区にある「多世代で あそぶ まなぶ つくる たべる くつろぐ はたらく 場」として開いている多世代型の**居場所**です．地域の有志がどの世代の方も楽しみ，ほっとくつろぎ，地域との「ゆるやかなつながり」を持つことができる居場所を目指して運営しています．私たちが考えている「ゆるやかなつながり」は，ガチガチの強制的なものではなく，ゆるすぎでもなく，ちょうどよい心地よさがあり，直接はつながっていなくても，誰かやどこかとつながっているような感覚や意味合いがあります．そのため気軽に立ち寄ることができ，思い思いにくつろげるように，ほぼ毎日開いています．乳幼児をみんなで見守りながら保護者がミシンで縫物をしたり，お茶やおしゃべりをしたり，読書や作業をしたり，ときには昼寝をしたり，小学生が宿題をしておやつを食べたり，中学生と高校生が一緒に遊んだり，高齢の方が外出ついでに立ち寄られて経験されたことや知恵を教えてくださったり，スマホやPCのわからないところを気軽に相談したり…サークル活動の準備や打ち合わせをする学生，リモートワークする社会人もいます．

　また，メンバーそれぞれがやりたいことや得意なことをいかし，小物作りをするサロン，健康のことについておしゃべりができる保健室カフェ，日々のふとした問いやモヤモヤしていることを語れる哲学カフェなどのサロンも開催しています．参加するひとは自分の興味関心に合わせてサロンを選ぶことができます．たとえば，哲学カフェには，小学生から高齢者，老若男女といったさまざまなメンバーが集まり，その日に話してみたいテーマ（「自分らしさとは？」「遊びとは？」「気づきとは？」など）を出し合い，一人一人自分の思いを語ります．哲学の知識は必要なく，自分の言葉で安心して話せるように，「発言しなくても大丈夫」「自分の意見が変わってもいい，むしろそれが面白い」などのルールの説明もあります．お互いを哲学ネームで呼ぶことにしているのも特徴です．

　このように，どの取り組みにおいても，「サービスする／される」「指示する／される」関係ではなく，聴き合うことのできるフラットなかかわりを大切にしていま

す．なぜなら，ワークスペースさきちゃんちは，立場や年齢などに関係なく，一人一人が尊重され，考えや思いを話すことや過ごすことができる安心な居場所であることを目指しているからです．立場ややるべきことが固定化しがちな家庭や学校，職場とはまた違った，空間，時間，仲間を感じながら，自由に過ごされている方も多いかと思います（私もその一人です）．子どもにとっても，おとなにとっても，「こうあるべき」「こうすべき」という枠にとらわれず，安心して自分の想いを言葉にできる場所が必要です．また，自分とは異なる視点や考えに触れることで，自分一人では得られない気づきを得たり，視野を広げたりする可能性が広がります．こうした多様な世代と出会い，ふれあえる居場所だからこそ，私たちも日々，一緒に学んだり，教えてもらったり，気づかされることが多いです．

　とくに地域に目を向けると，当たり前と思っていることがじつは当たり前ではなかったり，SOSを出しているお子さんに出会ったりします．また，お子さんの元気がないときに，じつはご家族の方が困難な状況にあったり，お一人で孤立した状態であったりします．ただ道で会っただけでは，気がつかないことも，日常的に一緒に過ごす空間があることや，話を聴き合う時間があることで，困っていることをふともらしたり，話し始めたりすることがあります．その話を聴いて受け止めることができたり，つなげる先を知っていれば，一個人や一居場所では対応できないことでも，解決につながる方法が見つかったり，はやくに適切なサービスにつながったりするお手伝いができます．たとえ解決できなかったとしても，安心して行ける居場所の1つではあり続けられるかもしれません．そんな居場所が地域のなかにあることで，いろんな世代や価値観を持つひとが安心して互いに尊重し，それぞれの悩みを知り，ともに学び，成長できる小さな社会が広がるのではないかと感じています．

　今まさに教育を学ぶみなさんのお話もぜひお聴きしたいと思っています．よろしかったら，どうぞ遊びにいらしてください．

第9章 図書館では，出会いと可能性がひらかれています

庭井　史絵

誘いのことば

　子どもにとってもっとも身近な学校図書館は，学校教育や情報環境の変化に歩調を合わせ，本やインターネットを使って必要な情報を集めたり，面白いマンガや動画を紹介し合ったり，グループで相談しながら調べた成果をまとめたりする場へ変わることが求められている．学校図書館を「静かに本を読む場」「自習する場」ではなく，多様な情報に出会い，新しいことを学び，交流や対話を楽しむ場として機能させるためには，教育の変化，情報メディア，子どもの読書や情報行動，情報を利用するために必要な能力についてよく知る必要があるだろう．

　同じような変化は，公共図書館や大学図書館でも，日本でも世界でも，大都市でも小さな町や村でも起こっている．生涯にわたる学びの場としてひらかれた図書館の世界をのぞいてみよう．

9.1　図書館という場

　図書館は，私たちがもっとも長く付き合う可能性のある教育施設である．日本には 3305 の **公共図書館** があり（日本図書館協会，2022），すべての小中高等学校や大学にも図書館（図書室）がある．一見身近で，誰もがその存在を知る図書館ではあるが，昔ながらのイメージしか持たないひとは多い．しかし現在の図書館は，ひとと情報を結び，学びを後押しする場へと大きく変化している．

9.1.1　情報との出会いが学びのきっかけをつくる

　図書館は，記録された情報，すなわち資料を「収集し，整理し，保存し」（図

ボードゲームと子ども用デバイス（左から順に，オランダのロッテルダム市中央図書館，ニーウェガイン市図書館）

書館法第二条），利用者に提供するという役割を有している．

　図書館が生まれた紀元前3世紀，情報を記録する主なメディアはパピルスであり，その後，紙の時代が長く続いた．しかし現在，情報はさまざまな媒体に記録され流通していることから，図書館が扱う資料も本以外に多岐にわたる．CDやDVD，インターネットやデータベース上にあるテキスト，数値，音声，映像データに加え，伝統的メディアの本や漫画，雑誌の電子化も進んでおり，これらはすべて「**図書館資料**」となっている．かつての子どもは冒険小説を読むことで「物語」の世界に没入したが，いまやゲームがその代替手段となっているため，ボードゲームや電子ゲームを収集する図書館も増えている．

　メディアが多様化すると，それを利用する空間にも変化が生じる．新しい図書館には，机と椅子が一列に並んでいるのではなく，くつろいだ雰囲気で雑誌を読んだり，親子で一冊の絵本を見ながら対話したり，データベースを検索したりできるように，さまざまな読み方や情報利用に適した家具やスペースが用意されて

開放的な閲覧スペース（みんなの森 ぎふメディアコスモス　岐阜市立図書館）

9.1　図書館という場　　99

（左）抽象的な語で分類された書架（椎葉村図書館），（右上，下）見出しの工夫（紫波町図書館）

いる．

　このように図書館は，利用者が多様な情報に出会える場として機能するよう進化している．このことは，伝統的な**書架**のあり方からもみてとれる．図書館では，資料を日本十進分類法（NDC）という規則によってジャンルに分け，背ラベルの順に並べることが一般的である．たとえば「犬に関する本」のなかには「飼い方」「盲導犬」「犬の写真集」「イヌ科の動物」「動物愛護」などさまざまな切り口があり，図書館ではそれぞれに違う分類記号を与え書架に並べる．しかし，この仕組みとは別に，1つのテーマのもとに多様なジャンルの資料を集めて書架に並べる図書館もある．さらに，棚の見出しに日常的な言葉を用いて，利用者の関心をひきつけ，自分ごととして捉えてもらえるよう工夫している図書館もある．いずれも，書架という物理的空間をめぐり，目に飛び込んでくる資料に出会うこと（**セレンディピティー**）を演出しようという試みである．

　さらに，図書館は，情報のいかし方を学べる場でもある．たとえば，ものづくりの過程ではいろいろな情報が利用される．本を読むこともあれば，動画を見ることもある．ひとに聞いたり教えてもらったりすることもある．図書館がものづくりの機会や場を提供することによって，情報を活用しながら創造的に生きる楽しさを伝えられる．そのため，オランダの公共図書館の多くにはメイカース

創造的な活動と情報をつなぐゲームラボ
（オランダ，ティルブルフ市図書館 Loc Hal）

100　第9章　図書館では，出会いと可能性がひらかれています

ペースがあり，利用者が 3D プリンターやレーザーカッターを使って工作をしたり，プログラミングやゲームを体験したりすることができる．日本でも，県立長野図書館が創造的な活動に資するスペースをオープンしたり（2019 年），鎌倉市立図書館（神奈川県）とファブラボ鎌倉（https://www.fablabkamakura.com/）が連携し，講座をひらいたりしている（2024 年）．

9.1.2　情報がひとをつなぎ地域をつくる

　図書館は，新しい情報に出会えるだけではなく，過去の記録を入手できる場でもある．出版された資料を収集することに加え，図書館が自ら情報を記録し，整理し，保存し，利用に供する場合もある．とくに最近は，郷土資料や地域情報のデジタルアーカイブに取り組む図書館が多く，蓄積された情報の活用が広がっている．

　伊那市立図書館（長野県）が中心となって進めた「『高遠ぶらり』プロジェクト」をみてみよう．図書館はまず古地図をデジタル化し，そのうえに位置情報（GPS）を表示できるアプリを開発した．iPhone や iPad でこれを開くと，古地図上に自分の現在地が表示される．ランドマークを表したピンをタップすると，昔の写真や歴史の解説を見ることができる．このような地域情報のなかには，図書館資料をデジタル化して掲載したものだけではなく，地域住民が写真や記録を持ち寄り，ワークショップを重ねて選定したものも含まれている．このプロジェクトを通じて，口承（こうしょう）の情報も含め，貴重な地域情報が集約され，デジタル化され，継承できる仕組みがつくられた．もちろん，地域学習や観光にとっても有益な情報であり，たとえば，小中高校生が地域資源を調べて地図上のランドマークとして追加したり，訪れる観光客が散策マップとして活用したりもしている（総務省，章末文献参照）．

　紫波町図書館（岩手県）でも，郷土に関する資料を収集するだけではなく，司書が地域で聞き取りを行い，文化や産業の担い手の語りを記録し，図書館資料としてコレクションしている．図書館内にある展示を見ると，伝統工芸に関する本と一緒に，民芸品などの実物資料，聞き取った情報をもとに作り手を紹介しているパネル，新聞や雑誌の切り抜き記事，

地域の伝統文化に関する展示（紫波町図書館）

大型プリンターと地域情報を記した手書きのマップ（都城市立図書館）

観光案内パンフレットなどが一緒に並べられており，地域の文化を多面的に理解することができる．

都城市立図書館（宮崎県）には，市民が自ら情報を編集し，発信できる仕組みがある．館内に「プレススタジオ」というコーナーがあり，大型の印刷機が備えられ，利用者が自分でリトルプレスなど冊子を作成することができる．スタッフから編集やデザインのアドバイスを受けることもできる．また，壁面には大型の地図が掲げられ，地域の情報とともに，市民が発信した情報が展示されており，地域とひと，ひととひととのつながりを生むのに一役かっている．

9.1.3　情報は「次の一歩」を後押しする

新しいことを始めたいときや生活のなかの困りごとを解決したいときなど，次の一歩を踏み出そうとしているひとに対して，図書館は，情報の力でその背中を押す．

2018年に札幌市民交流プラザの一角に開館した札幌市図書・情報館（北海道）は，「はたらくをらくにする」をモットーの1つに掲げる公共図書館である．ここに来れば，ビジネスに関連した図書，専門的な雑誌や業界新聞から仕事に必要な知識を得られるばかりではなく，さまざまな商用データベースを駆使して市場調査を行ったり，政策金融公庫や司法書士など専門家による相談サービスを利用したりすることができる．館内の書架をブラウジングすれば，「ビジネススキルはじめの一歩」「文章力を高めたい！」「できる人は机がキレイ」など，一見図書館らしくない見出しをつけて分類された本に触発される．話題の起業家や文化人の講演会が夜や土日に頻繁に開催され，働くひとが仕事帰りや休日に情報を入手することができる．

(左) 札幌市図書・情報館の入口．(右) 市立小諸図書館の「こころとからだのひろば」

　市立小諸図書館（長野県）は，明るく開放的なフロアが特徴的で，地域住民の活動拠点となっている．この図書館の比較的目立たない奥のスペースに「こころとからだのひろば」というコーナーがあり，健康，医療，福祉に関する資料が集められている．書架には症状や悩み別に細かく分類された図書，医療機関やがんセンターが発行しているパンフレット，専門的な支援が受けられる機関の案内がそろっている．居心地のよい椅子とこぢんまりした机が用意され，人目を気にせず，資料を閲覧したりメモをとったりすることが可能である．図書館資料を紹介する企画展示と，地域の各種団体が開催するからだや心に関するイベントがつながるなど，図書館の情報を行動に結びつけるための積極的な働きかけをみることができる．

　学校図書館の取り組みもみてみよう．「ぴっかり図書館」という愛称を持つ，神奈川県立田奈高等学校の図書館は，NPO法人パノラマ（https://npo-panorama.com/）と連携し，月に1回，校内居場所カフェを開いて，学校や家庭で孤立しがちな高校生を支援している．学校司書やNPOスタッフ，地域ボランティアが図書館におやつや飲み物を並べ，音楽を流して生徒を迎えるという企画である．来館した高校生は雑誌をめくったり，音楽を演奏したり，ゲームをしたりしながら思い思いに過ごし，スタッフや教職員と談笑している．結果として両者のあいだに信頼関係が築かれ，会話のなかから家庭や進路の問題をすくい上げ，必要な支援や情報とつなぐことができるようになった（松田，2016）．

　このような取り組みは，図書館の「**課題解決支援サービス**」と呼ばれている．これからの公共図書館は，地域の課題解決に情報資源を活用するため，各機関と協力してさまざまなサービスを展開することが期待されている（文部科学省，2012）．また，学校図書館にも**子どもの居場所**としての機能が求められているが

書架と遊具が組み合わされ，想像力を育む児童図書コーナー（石川県立図書館）

（文部科学省，2016）．これは，ひとと情報，ひととひとをつなぐことによって，課題を解決し，前に進むための支援を受けられる場になることを意味している．

9.2 図書館という学びの場を創る

これまでみてきたように，公共図書館や学校図書館は，さまざまな資料や情報資源を活用しながら学ぶ場へと進化している．しかし，利用できる情報が多様化すればするほど，必要な情報を的確に入手することが難しくなる．そこで，**司書**や**司書教諭**，**学校司書**と呼ばれるひとたちは，単に資料・場・機会を図書館に用意するだけではなく，より積極的に利用者と情報をつなぐためのサービスを提供している．

その1つが「**レファレンスサービス**」である．図書館利用者が必要とする情報をうまく探せないとき，コンシェルジュのように助けてくれるサービスを指す．多くの公共図書館には，レファレンスサービスを提供するためのデスクがあり，司書が，利用者一人一人のニーズを聞き取りながら，適切な資料を探し出す．

全国の公共図書館や専門図書館，学校図書館などに寄せられた質問と回答を集めた Web サイトに「**レファレンス協同データベース**」（**国立国会図書館**）がある．たとえば「コスメブランドを立ち上げるために参考になる本を探している」という質問にどのように回答したのか，データベースで確認してみてほしい．ま

た，福井県立図書館に寄せられたユニークな質問や回答は『100万回死んだねこ─覚え違いタイトル集』（福井県立図書館，2022）という本にまとめられている．『夜明けの図書館』（埜納タオ，2011）というマンガには，利用者の質問から透けてみえる悩みや社会問題を，資料や情報の力で解決しようと奮闘する司書の姿が描かれている．

もう1つは，**図書館利用教育**，あるいは，**情報リテラシー教育**といわれるサービスである．情報リテラシーとは「さまざまな種類の情報源の中から必要な情報にアクセスし，アクセスした情報を正しく評価し，活用する能力」と定義されている（図書館情報学用語辞典編集委員会，2022）．さまざまな形態の情報を図書館に用意しても，それを探し，選び，活用するための知識や技能がなければ，本当の意味で情報が利用者に届くことはない．そこで図書館では，資料や情報を探したり，入手したり，読み取ったりするために必要なスキルを学ぶ場を提供してきた．

たとえば，最近では多くの公的情報がインターネット上に公開されているが，コンピュータやスマートフォンをうまく扱えない場合，その情報にアクセスすることは難しい．そこで，多摩市立図書館（東京都）は，東京都が主催する「スマートフォン体験会・相談会」を図書館で開催し，情報の送受信について学ぶ機会を提供している．また，さまざまな情報を比較して評価する重要性が指摘されていることから，明石市立図書館（兵庫県）では，図書館にある複数の新聞を読み比べることができる「新聞活用講座」を定期的に開いている．

情報のデジタル化が進み，知りたいことは何でもコンピュータやスマートフォンで検索できると考えるひともいる．しかし，言葉になる前の情報ニーズを掘り起こし，多種多様な情報を組み合わせて提示し，利用者の好奇心や探究心を充たす図書館サービスが，新たな学びや創造を生みだしている点は無視できない．ニューヨーク公共図書館の実践を日本に紹介した菅谷明子は，アメリカを代表するビジネスや文化が図書館利用から生まれたことに触れつつ，「図書館とは私がかつてイメージしていたような，単に本を無料で貸し出す場などでは決してなく，市民ひとりひとりが持つ潜在能力を引き出し，社会を活性化させる極めて重要な装置である」と述べている（菅谷，2003）．図書館はすべてのひとにひらかれた学びと創造の場であり，ひとと情報との出会い，ひととひととの出会いを生みだすことによって，可能性に満ちた未来を想像させる教育施設なのである．

9.2　図書館という学びの場を創る　　*105*

これから教育を学ぶあなたへ

　図書館は，情報化社会のなかでただよう情報を集め，編集し，必要とするひとにつなぐためのシステムである．情報を届ける対象は，幼児から児童・生徒，学生，働くひと，高齢者まであらゆる年代のひと，障害のあるひと，日本語以外を母語とするひとなど多様であり，情報の形態も多岐にわたる．大学で司書や司書教諭の資格を取得し，公共図書館や学校図書館で「学びの場」をつくることもできるが，図書館情報学という研究領域に飛び込み，図書館という仕組みを支える知見，たとえば情報行動，学習過程における情報の利活用，情報リテラシー，情報流通について探究することもできる．図書館について学ぶということは，ひとと情報との付き合い方，情報を媒介としてひとと社会，ひととひとをつなぐ方略を追求するということである．

引用文献

福井県立図書館：100万回死んだねこ―覚え違いタイトル集，講談社，2022

国立国会図書館：レファレンス協同データベース　https://crd.ndl.go.jp/reference/

松田ユリ子：図書館はカラフルな学びの場，文芸春秋社，2016

文部科学省：図書館の設置及び運営上の望ましい基準，2012　https://www.mext.go.jp/a_menu/01_l/08052911/1282451.htm

文部科学省：学校図書館ガイドライン，2016　https://www.mext.go.jp/a_menu/shotou/dokusho/link/1380599.htm

日本図書館協会：日本の図書館　統計と名簿，日本図書館協会，2022

埜納タオ：夜明けの図書館（第1巻），双葉社，2011

総務省：高遠ぶらりプロジェクト　https://www.soumu.go.jp/main_content/000237122.pdf

菅谷明子：未来をつくる図書館―ニューヨークからの報告，岩波書店，2003

図書館情報学用語辞典編集委員会（編）：図書館情報学用語辞典（第5版），丸善出版，2022

紹介した日本の公共図書館

1. 岐阜市立図書館：https://g-mediacosmos.jp/lib/
2. 椎葉村図書館「ぶん文Bun」：https://katerie.jp/library/
3. 紫波町図書館：https://lib.town.shiwa.iwate.jp/
4. 県立長野図書館：「共に知り，共に創る」，信州・学び創造ラボ　https://www.knowledge.pref.nagano.lg.jp/guidance/atsumaritai/manabilabo.html
5. 鎌倉市立図書館：https://lib.city.kamakura.kanagawa.jp/

6. 伊那市立図書館：https://www.inacity.jp/shisetsu/library_museum/ina_library/
7. 都城市立図書館 Mallmall：http://mallmall.info/library.html
8. 札幌市図書・情報館：https://www.sapporo-community-plaza.jp/library.html
9. 市立小諸図書館：https://komoroplaza.com/
10. 石川県立図書館：https://www.library.pref.ishikawa.lg.jp/
11. 多摩市立図書館：https://www.library.tama.tokyo.jp/index?1
12. 明石市立図書館：https://www.akashi-lib.jp/

コラム 9

学校以外にも，あなたの良さをいかせる場所があります

金子　道仁

　このコラムを通して教育について学んでいる（あるいは学ぼうとされている）方々とお話しできることを，とても嬉しく思います．私の専門は法学です．教員免許は，30 歳を過ぎてから，通信制大学で取得しました．大学卒業後は外交官として，その後は兵庫県の田舎町でキリスト教会の牧師として，2022 年からは参議院議員として活動しています．

　国会議員に立候補した理由の 1 つに，**フリースクール**など公教育制度になじめない子どもの教育を支援したいという思いがありました．そこで，このコラムを通して，**不登校児支援**の一環として行っている「光の子どもインターナショナル・クリスチャン・スクール」（以下，「光の子ども ICS」）の活動についてお話ししたいと思います．

　光の子ども ICS が始まる少し前，教会学校に通っていた子どもたちから，「自分たちが喜んで通える学校を教会で作ってほしい」，そんな要望を受けました．そのときは，そのような構想は実現不可能と頭から否定していたので，子どもたちの言葉に正面から向き合わなかったのですが，それがのちの大きな後悔となりました．

　2000 年春にプレスクールを始めましたが，すぐに教会学校の小学生 2 人（いずれも不登校状態）の保護者から，「平日に空いている教会施設を使い，家から出て教会で勉強させてほしい」という要望を受け，小学生の受け入れも始めました．私の思いよりも，周りの必要に突き動かされた面が強かったと思います．

　「なぜ教会に学校を作ってほしいという声が出て来たのか」「なぜ教会に通う子どもたちが学校に通いにくいのか」，そのことを考えると，教会で語られる聖書の価値観が子どもたちの成長に非常に重要であることがわかります．それは第一に，あなたは創造主である神に無条件で愛されている存在であること，第二に，あなたは赦される存在であり，失敗しても大丈夫，回復の道があること，という価値観です．これが，私たちが子どもたちに伝えているもっとも大切な教育理念です．

　光の子ども ICS に通う子どもたちは，私どもの教会に通っている家族の子どもた

ち，地域の不登校傾向の子どもたち，阪神地区の教会に通う子どもたちやその知人などさまざまです．学力やこれまでの学習状況などもさまざまなので，英語と数学については学年にとらわれない習得度別クラス編成をとっています．同時に，「幅広い学年が一緒に勉強するのが当たり前」という教室文化を大切にしています．**特別支援**が必要な児童・生徒もいますが，基本は**インクルーシブ**で，場面に応じて支援教員やボランティアによる個別授業を行っています．卒業生の進路として多いのは，教育と福祉の分野です．不登校を経験した生徒が，いまは教師（公立学校，特別支援学校，私どものスクールなど）をしているケースがたくさんあります．

子どもたち一人一人にかけがえのない成長のストーリーがあります．いま，大学2年生の卒業生のお話をしますと，彼は，小学2年生のときにスクールに来ましたが，多動や暴力行為などが目立ち，地元の公立学校では受け入れが困難という状況でした．スクールでもさまざまな「出来事」がありましたが，先生や仲間たちと一緒に成長し，小学校卒業時点では席に座って静かに勉強することができるようになり，毎年見学に来られる教育委員会の方々も彼の成長ぶりを驚き喜んでおられました．小規模で家族のような学校環境と，カリキュラム裁量のなかで，生徒に応じた幅広い対応が可能な光の子どもICSの強みがいかされたと思います．

2022年度の児童生徒の問題行動・不登校等生徒指導上の諸課題に関する文科省の調査によれば，全国の不登校児童生徒数は約30万人に急増しており，コロナ禍以前の約2倍となっています．そして不登校児童生徒の38％は，学校内外で相談・指導を受けていない，つまり孤立して引きこもっている状態です．文科省は2022年3月に「誰一人取り残されない学びの保障に向けた不登校対策」（COCOLOプラン）のなかで，学びの多様化学校（旧不登校特例校）を全国で300校設立する目標を発表しました．

一人も取り残されず教育機会を確保するためには，官民が連携して子どもたちが喜んで通える「学び場」，すなわち多様な教育機会を創出することが重要です．そして子どもたち（およびその保護者）の前に多様な選択肢が提示されることで，「学校に通えなければ社会（人生）から落伍する」という意識から，子どもたち，保護者，周りの関係者が解放され，子どもが喜んで学ぶ場所を模索するゆとりが生じると考えます．このように特性のある生徒が排除されるのではなく，むしろ特性に応じた学び場を選択できるような，多様性を重んじる学校行政が実現することを願います．

第10章 日本の教育を世界へ発信し，世界から日本の教育を見つめ直すことも大事です

林　寛平

― 誘いのことば ―

「学校を作りたい」と思って大学に入った私は，学生時代に世界中の学校を訪れた．アルバイトで稼いだお金を使い，理想の教育を探して回ったが，どの地域にも特徴があり，良し悪しでは括れない面白さがあった．先生が授業をするのではなく子どもたちが計画を立てて学習を進める学校や，eスポーツのプロ選手を育成する高校，化学の授業でオリジナル化粧品を作って販売する女子中学校，午前と午後で生徒が入れ替わる二部制の学校など，その多様性は想像を超えていた．そうしたなかで出会ったのが比較教育学だった．ある国の優れた教育制度や実践などを取り上げて，その背景を探ったり，自国にいかすヒントを得たりする学問だ．教員養成に必須の内容とまでは言い切れないが，教育に携わるひとにとっては，海外の多様性に触れ教養を深め，自分の体験を振り返るという意義はあるだろう．本章では，「教育」を学ぶあなたに，比較教育学の魅力をお伝えしたい．

10.1 フィールドに飛び込んでみて

10.1.1 出会いは突然に

大学3年生のときにヨテボリ大学に留学した．ヨテボリはスウェーデン第2の都市で，ストックホルムが東京だとすると大阪のようなポジションにある．関西人のように社交的で愉快な人柄で知られている．地元のアイスホッケーチームを愛し，首都に強いライバル意識を持っている．そんなヨテボリに到着して1週間が経ったころ，洗剤か何かを買おうとスーパーに出かけ，路面電車に乗っていると，遠足帰りの子どもたちが乗ってきた．日本のように引率の先生がピリピリ

しながら「他の人の迷惑にならないように」「静かに」と注意するでもなく，子どもたちはバラバラに乗り，真っ先に空いている席に座り，楽しそうに話していた．そして，引率の先生はなぜか子どもたちから少し離れて私の隣に座り，「どこから来た？」「大学生か？」と尋ねてきた．私が「教育学部に留学してきたばかりだ」と答えると，先生は「なんだ，それならいまからうちの学校を見に来るか？」と誘ってくれた．これまでにもスウェーデンの学校にはいくつかお邪魔したことがあったが，どこもアポイントメントをとるのに苦労した経験があったので，チャンスは逃すまいとついていくことにした．

　学校に着くと，先生が校舎をひと通り案内してくれた．トイレには流すボタンが大小２つ付いていて，節水と環境に気を配っていること，図書室には司書がいて，週のうち２日だけ来て本棚の整理をしてくれること，体育館のステージ裏は音楽室につながっていて，パーテーションを開けるとそのままコンサートができることなどを教えてくれた．そして，案内の最後に校長を紹介してくれた．まだ30代の若い校長は，私に会うなり「それならここで働くか？」と言い出し，そのまま採用されることになった．怒涛の一日，洗剤を買いに部屋を出たときには予想だにしなかった展開だ．こうして，次の日から英語と体育，算数・数学の補助をするようになった．

10.1.2　内からのぞくスウェーデンの学校

　そこは新興住宅街にできて間もない学校だった．当初は無学年制を特徴とする私立校として始まったが，ある職員が学校のお金を横領したことがきっかけで経営難に陥り，市が引き取った．公立に転換するとき，先生の多くは学校を去ったが，残ったひとたちは20代が多く，若くて活気のある職場だった．フランス人やオランダ人もいたし，オーストリアで教職経験があるひとや，インドネシア出身の職員もいた．銀行から転職してきたひともいた．校長の方針で，性的マイノリティや障害を持つひとも雇用していて，「スウェーデンらしさ」をかき集めたような学校だった．

　学校で働くといっても，私はまだスウェーデン語ができなかった．子どもたちは新入りに優しく，学校での過ごし方をひとつひとつ教えてくれた．面白いことに，教室でじっとしていられず，校舎内をふらふらして注意されている子の方が学校のことをよく知っていて，誰がどこで何をしているのかをいつでも把握していた．給食を食べていると，ナイフとフォークの使い方を教えてくれて，「上手，上手」とほめてくれる子もいた．日本ではスープも箸で食べると思われていた．

10.1　フィールドに飛び込んでみて　　*111*

この学校では，4年生から6年生の計5クラスを8人の教師がチームとなって担当していた．学級担任は決まっていたが，それほど大きな役割はなく，8人全員が全クラスを担当する，という気持ちだった．日本の**チームティーチング**のように，前に立って一斉指導をするメインの教師（T1）と，個別対応や机間指導などで補佐するサブの教師（T2），という分担ではなく，複数の先生が主従なく授業をしていた．私もそのチームの一員として，まずは見習いのような形で，問題が解けない子を手伝ったり，道具を準備したり，出席をとったり，教科書の音読を聞いたりした．

　留学に旅立つ直前に日本の小学校で教育実習をしたが，そこで習った指導案や板書という概念はスウェーデンにはなかった．もちろん，ナショナル・カリキュラムや年間指導計画はあったが，日々の授業準備はかなり大雑把だった．毎週水曜日に定例のチーム会議があったが，そこでは教科書のページ数や使う資料のメモを数行書いたくらいで，あとは口頭で説明する程度の簡単なものだった．

　授業は一斉授業とグループ学習，個別学習が組み合わされていた．まず，先生が授業の最初の5分くらいを使って，達成すべき目標や間違えやすいポイントを手短に説明する．次に，子どもと相談しながら時間を配分する．あとは時間になるまで子どもたちがそれぞれ課題に取り組む，というスタイルだった．教室の横にはグループ学習用の小部屋が用意されていて，教室の後ろや廊下にはソファが置いてあった．子どもたちは落ち着いて学習できる場所に出かけていって課題に取り組んでいた．質問や手助けが必要なときにはおとなを探して聞いたり，ヘルプカードを掲げたりする．そうして，時間になると教室に戻って来て，今日やったこと，できなかったことを振り返って，休み時間になる．

　日本との違いに驚くことはたくさんあった．まず，先生と子どもの関係がフラットなことだ．子どもが先生を呼ぶときも，ファーストネームで呼び捨てにし，先生も子どものことを同じように呼び捨てにする．後に知ったが，これは「敬称改革」という1960年代に起こった市民運動の成果で，権威主義を排し，民主的な社会をつくろうとする動きによるものだった（北欧教育研究会，2021）．先生たちは，子どもの手本になるような振る舞いをしているが，堅苦しさはなく，ひとりのおとなとして働いていた．子どもや同僚から慕われる先生もいれば，不器用で悩む先生もいた．

　スウェーデンには交換留学生として行ったが，大学の授業は1単位も取得せず，毎日のように学校に通っていた．1年間はあっという間に過ぎ，帰国前には子どもたちがサプライズの集会を開いてくれた．それ以来，20年以上にわたっ

て元同僚や卒業生との交流が続いている.

日本に帰ってすぐに,東京の小学校で2回目の教育実習をしに行った.初日に校長とあいさつをする際,握手をしようと思って右手を差し出すと,校長が驚いて後ずさりしたのを覚えている.「そうだった,日本はお辞儀で,握手ではなかった!」と気づいたときには冷汗が滴っていた.すでにスウェーデンで教えていたので,授業に苦労することはなかったが,他の先生が参観に来ているときに,子どもの机に腰かけて話していたら,後から指導教員に注意されたりもした.逆カルチャーショックも少なからずあり,そのたびに慣習の違いが何を意味するのかについて考えるようになった.

スウェーデンの学校で過ごした1年間は,**比較教育学**の地域研究と呼ばれる分野の**フィールドワーク**であったといえる.日本の比較教育学は特定の国や地域を対象に地域研究を手掛ける研究者が多いのが特徴だ.私のように留学時代に内側をのぞく経験をしたひと,青年海外協力隊などで途上国に長期滞在したひと,それから,国際結婚で海外生活をするひとなどが地域研究に取り組むことが多いが,計画的にフィールドに出かけるひともいる.

比較教育学は2つの国を並べて比べなければいけない,というものではない.ある地域にどっぷり浸かって,**エスノグラフィー**のような形で現地の文脈を理解することも大切な研究になる.なぜなら,ある地域を見つめるときには,みるひとの視点や見方にそのひとなりの経験が反映されるので,そこに見つめるひとがいる時点ですでに比較になっているともいえるからだ.握手やお辞儀のように,スウェーデンを鏡に日本の振る舞いに気がつくこともある.インターネットで便利に検索できる時代になったが,肌で感じて体験することの価値は,むしろ高まっていると思う.

私は,スウェーデンの教育に詳しい日本人だが,スウェーデンはいつまでも外国だと思っている.スウェーデン人からもよく「日本と比べて何がよいのか」と尋ねられるが,正直なところ,答えに困る.こんなに離れているのに,共通している部分があって面白く,また,違う部分から学ぶことが多い,と思っているからだ.

10.2 教育は海を渡る

留学から帰った私は,さまざまな場面でスウェーデンでの体験を話したり,まとめたりする機会があった.スウェーデンの教育に関する情報も少なかったこ

ろ，何十年も前の先行文献を調べると，東大の教授と早稲田の教授が論文の脚注でお互いのスウェーデン語が間違っているとか，それに対する反論を書いていたのを読んで笑ったのを覚えている（たとえば松崎, 1984）．じつに小さな世界だったのだ．そのようななか，北欧教育研究会に参加する機会を得た．研究者に限らず，主婦や会社員，映画監督や留学帰りの学生など，北欧の教育に関心を持つひとたちなら誰でも温かく迎え入れてくれる学習サークルだった．民主主義を大切にする北欧らしく，それに共感するひとたちも，「北欧」を独り占めするのではなく，ファン同士としてお互いに尊重することに価値をおいていた．

　2018 年からは，教育新聞で「北欧の教育最前線」という連載を持ち，研究会のメンバーが隔週で原稿を載せている．このなかで，日本の体育科がスウェーデン体操に由来するという記事を書いたことがある．日本の体育館の壁に，肋木が設置されているのを見たことがあるだろう．木の丸棒が並んでいる器具だ．もはや使い方を知っているひとの方が少なくて，部活のときのタオル掛けにしか使い道がないのではないかと思うのだが，じつはあれはスウェーデンからきた．跳び箱も，平均台も，スウェーデンからきた．そのため，スウェーデンの体育館には，同じように肋木，跳び箱，平均台がある（Hayashi, 2022；北欧教育研究会, 2021）．そして，スウェーデンでもタオル掛けになっている．

　こういった，ある国の教育実践や政策，制度が他の国に取り入れられることを**政策移転**や**政策借用**，あるいは**移植**という．振り返ってみれば，明治政府が岩倉使節団を派遣して世界中を見て回り，外国の教育制度を参考に日本の学校制度をつくったわけなので，学校そのものが移植された制度だといえる．岩倉使節団は 1873 年にストックホルムにも寄り，男女共学の学校を視察している（久米, 1878）．

　欧米の比較教育学では，この政策移転に着目した理論研究が多く行われてきた．宗主国であった経験から，植民地に効率的に政策を移転するにはどうしたらいいのかという視点や，途上国とかかわるときに現地のひとたちの意見を取り入れながら持続可能な形で支援するというニーズもあった．移転や移植が目指す最終形態は，「**土着化（indigenisation）**」（Cowen, 2006）といって，移転先のひとが気づかないほど現地になじんだ状態になることだ．日本の音楽で使われている鍵盤ハーモニカも，原型は西洋楽器だったが，日本の指導ニーズに応じて独自の進化を遂げてきた．音楽集会で全校児童が演奏する姿など，もはや西洋ではみられない使われ方をしている．面白いことに，これらの楽器や指導法は，いま「**教育の輸出**」の商品として，日本から東南アジアに輸出されている（Hayashi,

2019；高山・興津，2024；恒吉・藤村，2024）.

　日本の算数の教え方も，一斉指導がベースにありながら問題解決型授業になっているという点で特徴がある．単に正しい解法を教えるのではなく，子どもたちに自由な発想で議論させ，日常生活での経験と結びつけて考えさせるなかで，理解を深めるような授業が理想とされている．導入，展開，まとめなどと区切られて，とくにまとめの時間に子どもたちの議論を振り返ったり，アイデアをすり合わせたりする時間がとられている．また，教科書がこの授業スタイルに合わせて作られているのも特徴だ．日本の先生たちは校内だけでなく，市内や広域の授業研究会に参加して，同じ単元の教え方をさまざまに工夫している（北欧教育研究会，2021）.

　いま，スウェーデンの一部の学校では Singma という教科書が使われている．シンガポールの算数の教科書をスウェーデン語に翻訳したシリーズだ．シンガポールはかつて，算数の教え方を日本から学んだ．そのため，Singma は日本との共通点がとても多い．また，日本スタイルの授業研究会は世界中の学校で取り入れられている（第5章参照）．こうして，優れた教育実践が国境を越えて流通している．

　移植とはよく言ったもので，たとえば旅行先である植物を気に入ったとして，持ち帰って自分の庭に植えたとしても，土壌や気候が違えば枯れてしまうだろう．手入れの仕方にも独自のアレンジが必要になる．同じように，エストニアで実践されているドローン教育を日本に取り入れようとしても，条件が整わなければうまくいかないかもしれない．教育の場合はとくにこの条件が複雑だ．政策移転に着目する研究では，さまざまな事例やデータの分析を通じて，影響を与える要因を明らかにしようとしている．

10.3　21世紀は国際学力調査の時代

10.3.1　一躍脚光を浴びるフィンランド

　1981年生まれの私は，小中学生のころ，朝礼の校長講話で「21世紀を担うみなさんは」という話を幾度となくされたのを覚えている．バブル崩壊からの長い不況と重なり，ノストラダムスの大予言だとか，コンピュータの2000年問題などが盛り上がり，期待と不安が入り混じる時代を経験した．20世紀からみた「21世紀」はグローバル化の時代と語られることが多かったように思う．

　比較教育学は21世紀に入って飛躍的な拡張期を迎えている．その原動力

は，**国際学力調査**だ．かつて，教育大国といえばドイツが筆頭だった．しかし，OECD 生徒の学習到達度調査（**PISA**）が 2000 年に実施され，翌年に結果が公表されると，フィンランドが一躍脚光を浴びるようになった．フィンランドといえば，それまでは北のはずれにある田舎で，真面目で特徴の少ない国だと思われていた．いまやその名声は世界中に届き，教育関係者が次々に訪れるようになった．このイメージは強烈だ．実際にはフィンランドの相対的な順位は徐々に低下し，最近ではシンガポールや韓国，そして日本などのアジア勢が優勢になっているにもかかわらず，北欧の教育に対するあこがれはやまない．ちなみに，PISA の 2022 年調査では，日本は 3 分野すべてで北欧諸国を上回る成績をおさめている（OECD，2023b）．

10.3.2　国際学力調査とは

　2000 年から 2009 年にかけて，少なくとも 152 の国際学力調査（大規模国際アセスメント）が実施されている（Heyneman & Lee，2013）．このうち，代表的なものに IEA（国際教育到達度評価学会）が実施する国際数学・理科教育調査（**TIMSS**）や先述の OECD（経済協力開発機構）の **PISA** などがある．

　もっとも初期の国際学力調査は 1950 年代の終わりに行われた．日本は 1964 年の第 1 回国際数学教育調査（FIMS）から参加し，13 歳の生徒たちはフィンランドと並んで優秀な成績を上げた．といっても，この時期の調査ではランキングにされることを避けるために，あえて点数を羅列することはしなかった．データの扱いは抑制的で，教育制度やカリキュラム，指導方法，家庭の経済状況などと成績の相関を分析した．こうした分析は，教室の広さや学級規模，授業に適した明るさといった基準づくりに活用され，現在でもその名残りがみられる．

　FIMS は統計学者や心理学者，そして教育学者らによって企画された．それまでも学力テストを用いた調査は行われていたものの，国際比較はなかった．比較研究もあったが，トピックや方法がばらばらで，まとまった知見になっていなかった．そこで研究者たちは，標準テストによる国際比較を行えば，ある指導方法やカリキュラム，学習時間などが成績に与える効果を客観的に評価できるのではないかと考えた．研究者たちの関心は，各地域の環境の違いを自然実験のフィールドとして使うことにあった．一方で，1957 年にはソ連が欧米に先駆けて人工衛星を打ち上げ，スプートニクショックが襲っていたという社会情勢もあり，より科学的で効果の高い教育制度の構築も求められていた．まだ E メールもなかった時代で，遠く離れた生徒たちに同じ条件で問題を解かせるのは簡単で

はなかった．研究者たちは，各国に送った冊子が届いたかどうかも確認できないなか，回答用紙が戻ってくるまでの数か月を悶々と待ったという．当時 12 か国で始めた国際テストは，2015 年には 125 か国が参加するまでに拡大している（Rutkowski et al., 2013；Suter, 2019）．

　FIMS の経験は，1970 年の第 1 回国際理科教育調査（FISS），1980 年の第 1 回国際数学教育調査（SIMS），1983 年の第 2 回国際理科教育調査（SISS）につながり，そして 1995 年からは TIMSS が実施されている．TIMSS は 4 年サイクルで，小学 4 年生と中学 2 年生を対象にしている．参加国・地域のナショナル・カリキュラムを分析して，共通する内容について問題を作り，子どもたちが学校で教わったことをどの程度習得しているのかを測ろうとしている．

　一方で，OECD が 2000 年から始めた PISA は 3 年サイクルを基本とし，15 歳を対象に読解力，数学的リテラシー，科学的リテラシーの 3 分野を中心に実施されている．OECD は 1997 年から研究者の会議を開き，21 世紀に求められる資質・能力の特徴を定義する DeSeCo（Definition and Selection of Competencies）プロジェクトを実施した．必要な能力は数限りなくあるので，そのなかでもとくに重要なものをキー・コンピテンシーとして選択するという作業をしたのである（Rychen & Salganik, 2003）．こうしてできた DeSeCo のキー・コンピテンシー概念が，PISA のリテラシーの枠組みとして使われている．また，DeSeCo から 20 年以上が経ち，枠組みのアップデートの議論も行われている（OECD, 2023a）．OECD は PISA を通じて，21 世紀に求められるリテラシーを（学校で教わったかどうかにかかわらず）生徒たちがどの程度達成しているのかを測ろうとしている．

10.3.3　国際学力調査と地域研究

　地域研究では，教育の特徴を現地の歴史や制度，慣習などから説明してきたが，国際学力調査はそういった条件にかかわらずに分析できる．たとえば，授業時間が長い国では成績が高いのか，教師の給与と生徒の成績に相関はあるのか，といった問いに対して，統計的に処理することで，複数の国で条件を揃えて分析できるようになった．注意しないといけないのは，このデータでは相関は調べられるが，因果を説明するのは極めて難しいということだ．また，これまでの研究や経験から明らかになっていることとして，単独の要因で説明できることは限られている，ということがある．たとえば学級定員が 60 人の国と 20 人の国を比較すると，少人数学級の方が成績がよいとする．しかし，ある国で少人数学級を実

現するためには，大量の教師を新たに雇う必要がある．そうすると，教師不足が起こり，やる気や能力の低いひとも教職に就くようになり，全体として教育の質が低下するというシナリオも考えられる．また，もともと60人学級だった国は一斉指導が中心で，20人学級だった国は子どもの探究活動が中心だったとすると，形式的に少人数学級にするだけでなく，教員研修などを通じて指導方法を変更するという施策も進める必要がある．このように，相関がわかったからといって，それを単純に政策に応用できるわけではない．

国際学力調査は多くの国のデータを一括して分析・処理できることから，全世界で共通する傾向を見つけることができる．データの説得力はとても強いため，ともすると経験にもとづく地域研究は不要だ，という流れになりかねない．そういった意味で，国際学力調査は地域研究にとって脅威となる．一方で，両者は補完し合うことで理解が深まるという面もある．データの背景にある社会構造や慣性のようなものを理解することが重要になる．いまでは多くの地域研究者が国際調査を参照して全体の傾向を把握し，課題を特定して，フィールドワークに反映している．国際学力調査と地域研究の組み合わせは可能性に満ちていて，これからますます面白くなっていくと思う．

10.4 コロナと比較教育学—共同編集の時代へ—

新型コロナウイルス（COVID-19）によるパンデミックは，比較教育学に大きな影響を与えた．渡航制限によって外国のフィールドに出かけられないというハンデは大きかった．この歴史的な出来事にあたって，現地の状況を自分の目で見て，記録したり，発信したりしたいと思ったひとは多かっただろう．

コロナ禍は教育史にとってエポック（時代の転換点）となる出来事だった．近代学校が始まって以来，学校という制度は政策移転を繰り返し，ひたすら拡大してきた．途上国でも，国連の「万人のための教育（Education for All）」などの事業を通じて，学校がどんどんつくられていった．就学者数は増加する一方だったなかで，パンデミックによって世界はほぼ一斉に休校（学校閉鎖）になった．ケニアでは初等・中等学校の児童・生徒全員を留年扱いにした．スウェーデンでは逆に，全国的な休校措置を一度もとらなかった（田平・林，2021）．同じウイルスへの反応でも国によって対応が異なるのは，興味深い現象だった．

このとき，各国は他の国の状況をリアルタイムで把握して，自国の対応にいかそうとしていた．国際機関は各国の休校情報をまとめて定期的にアップデートし

ていた．ニュースやソーシャルメディアでは海外からの情報が届いた．まるで各国が力を合わせて，共同編集作業をするかのようにして，パンデミックと向き合っていた（林，2022）．

　これからの教育政策では，移転や借用だけでなく，こうした共同編集のような場面が増えるのではないかと思う．日本の先生たちが集まって授業単元の開発に取り組んでいるように，世界で知恵を出し合ってよりよい教育をつくっていく時代がきている．そのとき，日本の教育は，そして比較教育学は世界にどう貢献できるのか，考えるときがきている．

---── これから教育を学ぶあなたへ ───---

　比較教育学は「旅する教育学」ともいえる．自分のテリトリーを離れて，非日常のなかでさまざまな刺激を受けることで，自分の教育体験を振り返ることができるからだ．旅は目的地に着くだけが楽しみではない．むしろ，そこに至る旅路が大切だ．旅にトラブルはつきもので，予定通りにいかないことや，偶然の出会い，新しい発見がある．みなさんも，たくさん旅に出て，さまざまな視点から教育を考えてほしい．学生同士で旅行に出かけるとき，半日でいいので，現地の学校を訪問してみてほしい．共通点や差異など，きっとたくさん気づきがあるだろう．留学生や帰国子女の友だちができたら，学校生活について聞いてはどうだろうか．毎朝のハンカチ・ちり紙チェックはあったかな？　消しゴムのカスを集めたかな？　遠足でバスレクやったかな？　そして，少しでも興味を持ったら，その国の教育制度や実践について，先行文献を調べてみよう．

引用文献

Cowen, R.：Acting Comparatively upon the Educational World: Puzzles and Possibilities, *Oxford Review of Education*, **32**（5），561-573，2006

Hayashi, K.：Education Export and Import: New Activities on the Educational Agora. In Mølstad C. E. & Pettersson D.（Eds.）*New Practices of Comparison, Quantification and Expertise in Education: Conducting Empirically Based Research*, 1st Edition, pp.175-188, Routledge，2019

Hayashi, K.：What Japan Learnt from Swedish Education: From Thunberg to Thunberg, *Vägval i Skolans Historia*, 1/2022，2022

林寛平：〈書評〉広瀬裕子（編）『カリキュラム・学校・統治の理論：ポストグローバル化時代の教育の枠組み』，教育社会学研究，**111**，120-121，2022

Heyneman, S. P. & Lee, B. : The Impact of International Studies of Academic Achievement on Policy and Research. In D. Rutkowski, L. Rutkowski, & M. von Davier (Eds.) *Handbook of International Large-Scale Assessment Background, Technical Issues, and Methods of Data Analysis*, pp.37-72, CRC Press, 2013

北欧教育研究会：北欧の教育最前線 市民社会をつくる子育てと学び，明石書店，2021

久米邦武：特命全権大使米欧回覧実記 第4篇 欧羅巴大洲ノ部 中，博聞社，1878

松崎巌：スウェーデンの後期中等教育改革―統合と課程再編成の実態について，東京大学教育学部紀要，**24**，81-88，1984

OECD : *OECD Future of Education and Skills 2030, OECD Learning Compass 2030, A series of Concept Notes*，2023a

OECD : *PISA 2022 Results（Volume I）The State of Learning and Equity in Education*，2023b

Rutkowski, D., Rutkowski, L. & von Davier, M. : A Brief Introduction to Modern International Large-Scale Assessment. In D. Rutkowski, L. Rutkowski, & M. von Davier (Eds.) *Handbook of International Large-Scale Assessment Background, Technical Issues, and Methods of Data Analysis*, pp.3-10, CRC Press, 2013

Rychen, D. S. & Salganik, L. H. : Introduction. In Rychen, D. S. & Salganik, L. H. (Eds.) *Key Competencies for a Successful Life and a Well-Functioning Society*, pp.1-12, Hogrefe & Huber Publishers, 2003

Suter, L. : Growth and Development of Large-Scale International Comparative Studies and Their Influence on Comparative Education Thinking. In *The SAGE Handbook of Comparative Studies in Education*, pp.197-223, SAGE Publications, 2019

田平修・林寛平：コロナ禍におけるスウェーデンの学校教育，比較教育学研究，**62**，41-58，2021

高山敬太・興津妙子：ケーススタディ類型D―民間企業による教育商品・サービス輸出型事業．In 高山敬太・興津妙子（編），「教育輸出」を問う―日本型教育の海外展開（EDU-Port）の政治と倫理，pp.223-236，明石書店，2024

恒吉僚子・藤村宣之：国際的に見る教育のイノベーション―日本の学校の未来を俯瞰する，勁草書房，2024

コラム 10

教育によって，明日へとつながる
希望を届けたい

松浦由佳子

　世界各地で内戦や国家間紛争が激化し，難民・国内避難民が1億人を超え，80人に1人が故郷を追われて逃げまどう現実がいま，あります．危険にさらされた命を一人でも多く，日本の地域社会で受け入れ，彼らの祖国が平和になるまでともに歩むことは，彼らの命を救うだけでなく，私たち自身を成長させ，一人一人の人生を豊かにするはずです．教育現場はその最前線です．教育には異なる個性や背景を持つ多様な人々をつなぐ力があるからです．教育によって日本の社会はもっと温かさに満ち，誰もが大切にされる包容力のある社会へと変わっていけるはずです．

　「難民」という言葉をきくと，アフリカや中東地域の難民キャンプやテントで暮らす人々を思い浮かべる方が多いかもしれません．私もそうでした．10代のころにニュースで世界の**貧困**や**難民問題**に触れ，海外の現場で支援に携わろうと決意しました．そして20年程前，日本に逃れてきたアフガニスタン難民の青年との出会いが私の歩みを大きく変えました．当時，私は開発援助の仕事でアフガニスタンにいて，日本で難民申請中のその青年に頼まれて，現地で彼のお母さんを探しました．彼の父親はタリバンに殺され，兄は誘拐され行方不明となるなか，母親は「10代の末息子だけは助かってほしい」と，なけなしのお金で彼を国外に送り出して以来，お互いの安否がわからずにいました．運よく見つかったお母さんは憔悴しきっていましたが，息子の写真を見た途端，生気を失っていた目がみるみるうちに輝き出しました．数年ぶりに携帯電話で母子がつながった瞬間を私は忘れられません．この経験を通じて，家族が生き別れてでも生きていかねばならない現実，そんなつらさのなかで保護を求めても，難民認定を受けられない日本の現実を突きつけられました．この2つの厳しい現実を前に，やるべき難民支援は日本国内にあると思いました．

　日本では，難民として認定されるまでに数年単位の時間がかかります．さらに難民認定率は1～2%とわずかで，何年も待った挙句に不認定となり，母国にも帰れず，やむなく再申請あるいは裁判となると10年以上，経済的にも社会的にも不安定なまま待ち続けます．私が働くアルペなんみんセンターでは，行き場のない難民

申請者や不認定となり再申請中・裁判中の方を優先して受け入れ，共同生活をしながら一人一人にあった支援をしています．2020年の設立から2024年10月までに0歳から70代まで27か国89人を受け入れ，5つの命の誕生もありました．喜びがある一方で，すべてを支援に頼らざるを得ず，出口のみえない生活にあえぐ入居者の苦痛にも直面します．それでも一緒に食べ，笑い，悲しみ，怒り，祝い，互いのありのままを受け入れていく日常です．入居者もスタッフもボランティアも，自分の時間や与えられた体力・能力を差し出し，ときには格好悪い弱った姿さえもさらけ出します．そんな「ふれあい」を通じて，痛みは少し軽くなり，小さな喜びを分かち合うことで，明日につながる小さな希望が生まれます．

　こうした私たちの活動と教育現場のコラボが始まっています．暮らしの場に児童・学生を迎えたり，私たちが入居者と一緒に学校・大学を訪れ，難民とならざるを得なかった背景，日本での苦悩などを伝えています．つらい経験を話し，涙をため，言葉に詰まり，「ありのまま」を分かち合うことで，彼ら自身が癒され，熱心に耳を傾ける子どもたちのまなざしに心を温められていきます．同時に子どもたちも，目の前のひとが経験してきた困難や苦しみを聞き，知らない世界や境遇に驚きながらも「自分に何ができるか」と真剣に考え始めます．「難民」が他人事ではなく，自分事としての「体験」となり，共生することを体験的に理解し，自然に思いやりが育まれていくようです．

　さらに教育×難民支援のコラボは，日本社会を覆う「生きづらさ」を根源的に変えていく可能性があると私は信じています．祖国で人種，民族，性別などの「ありのまま」を否定されたり，宗教や信念，政治的意見など大切にしている価値観を否定され，逃れた日本でも苦悩しながら自分を貫いて生きようとする難民たち．彼らと向き合うことは，ひるがえって自分と深く向き合うことになります．「私は自分らしく生きているか」「ありのままの自分を大切にしているか」と．同調圧力が強く，結果を出すことへと駆り立てる見えない力に抑圧される生きづらい日本社会に風穴を開けるのは，若者たち，そして新たに日本社会に加わる人々，とりわけ命をかけて「ありのまま」を生きる難民たちだと思います．教育を通じて，子どもや若者と難民たちとがふれあい，互いに驚きや戸惑いを持ちながらもかかわり続けるなら，子ども・若者はいつしか弱さをも含めた自分の「ありのまま」を大切に受け入れ，自分自身を他者に開き，分かち合えるようになると思います．そうして自由な個性が引き出され，異なる「個」が互いを尊重し合い，ともに成長する包容力のある社会がつくられていくのではないでしょうか．ここに日本社会の明日につながる希望を感じています．

索　引

欧　文

ALACT モデル　52

diversity　91

front-end model　87

inclusion　91
inclusive education　91
indigenisation　114

learning to be　90
learning to do　90
learning to know　90
learning to live together　90
learning to live with others　90
Lesson Study　51

OECD（Organization for Economic Cooperation and Development）　87

PISA　116

QOL　38

recurrent education　87
reflection　50
reflective practitioner　68

SDGs（Sustainable Development Goals）　86

TIMSS　116

UNESCO（United Nations Educational, Scientific and Cultural Organization）　24, 89

あ　行

アウトリーチ活動　77
遊びを通した総合的な指導　11
アタッチメント　5
安心の基地　6
安全な避難所　6
アンドラゴジー　77

移植　114
居場所　96
インクルーシブ　109
インクルーシブ教育　24, 91
インクルージョン　25, 91
インタラクティブな展示　76

ヴィゴツキー, L.（Vygotsky, L.）　25
ウェルビーイング　38

エスノグラフィー　113

か　行

科学的概念　25
学位　88
学芸員　74
学習支援　75
学習指導要領　74
学習者理解　81
課題解決支援サービス　103
学校教育　73
学校教育法　85
学校司書　47, 104
学校図書館　47, 103
家庭教育　14
環境を通した教育　11

義務教育　73, 86
ギャラリートーク　78
教育機会確保法　86
教育基本法　85
教育公務員特例法　54
教育の輸出　114
教師の力量　49
教師の力量形成　53, 65
協働探究　45
教養　89

経済協力開発機構　87
憲法　85

公開講座　88
公共図書館　98
幸福　38
公民館　75, 92
高齢者大学　93
国際学力調査　116
国際連合教育科学文化機関　24, 89
国立国会図書館　104
子どもの居場所　103
子どもの最善の利益　22
子どもの学びのストーリー　56
子ども理解　50
子どもをみる視点　50
コミュニケーションのズレ　29

さ　行

再文脈化　56
里親　22
サラマンカ声明（宣言）　24
澤柳政太郎　65

司書　74, 101, 104
司書教諭　104
自信　4

実践知　52
社会教育　74, 89
社会教育行政　74
社会教育施設　75, 92
社会教育主事　74
社会教育法　74, 92
社会的参照　5
社会的養護　22
授業観　52
授業研究　51
授業研究会　50
授業支援　48
障害　25
生涯学習　74, 86
生涯学習センター　75
障害者基本法　91
省察　50
省察的実践　49
省察的実践者　68
情動　36
情報リテラシー教育　105
書架　100
職業能力開発促進法　88
知ることを学ぶ　90
心的報酬　37

生活的概念　25
生活の質　38
政策移転　114
政策借用　114
青少年教育施設　75
成人教育学　77
セレンディピティー　100

即興性　42

た　行

大正新教育運動　65, 66
大正デモクラシー　66
胎動　4
ダイバーシティ　91
多様性　91

チクセントミハイ, M.
　（Csikszentmihalyi, M.）
　37
チームティーチング　112
中学校夜間学級　86

同僚性　51
特別支援　109
特別支援教室　58
特別ニーズ教育世界会議　24
特別養子縁組家庭　22
図書館　75, 98
図書館資料　99
図書館法　98
図書館利用教育　105
土着化　114
（他者と）共に生きることを学
　ぶ　90

な　行

為すことを学ぶ　90
難民問題　121

人間として生きることを学ぶ
　90
認知能力　19, 38

ノールズ, M. S.（Knowles, M.
　S.）　77

は　行

博物館　75
博物館法　75
発達　4
バーンアウト　37
ハンズオン展示　76

比較教育学　113
非認知能力　19, 89
貧困　121

フィールドワーク　113
不登校児支援　108
不登校児童生徒　86
フリースクール　108
フロー　37
フロント・エンド・モデル　87

ヘルバルト, J. F.（Herbart, J.
　F.）　64
ヘルバルト主義教育学　64

包摂　91
ボウルビィ, J.（Bowlby, J.）　5
母性的養育の剥奪　5
ボランティア　78
ボランティア活動　78

ま　行

マイノリティ　25
学び直し　86
マルチステージの人生　87

燃え尽き現象　37
森有礼　63

や　行

夜間中学　86

有給教育訓練休暇　88
ユネスコ　24, 89

ら　行

リアリスティック・アプローチ
　51
リカレント教育　87
履修証明プログラム　88

レファレンス協同データベース
　104
レファレンスサービス　104

編著者略歴

たかざくらあやこ
高櫻綾子

2011 年　東京大学大学院教育学研究科博士後期課程修了
現　在　青山学院大学教育人間科学部准教授
　　　　博士（教育学）

〔おもな編著書〕
『子どもの育ちを支える 発達心理学』（朝倉書店，2013 年）
『子どもが育つ遊びと学び─保幼小の連携・接続の指導計画から実践まで─』
（朝倉書店，2019 年）
『子どもの育ちを考える 教育心理学─人間理解にもとづく保育・教育実践─』
（朝倉書店，2021 年）
『理論と実践の往還で紡ぐ保育・幼児教育学─幸せに生きるためのヒントは
乳幼児期に─』（朝倉書店，2025 年）

「教育」を学ぶあなたに贈る 20 のストーリー
　─すべてのひとに 良質な教育を いつからでも どこででも─

定価はカバーに表示

2025 年 3 月 1 日　初版第 1 刷

編著者	高　櫻　綾　子	
発行者	朝　倉　誠　造	
発行所	株式会社 朝 倉 書 店	

東京都新宿区新小川町 6-29
郵便番号　162-8707
電　話　03（3260）0141
ＦＡＸ　03（3260）0180
https://www.asakura.co.jp

〈検印省略〉

© 2025 〈無断複写・転載を禁ず〉　　　　　教文堂・渡辺製本

ISBN 978-4-254-60027-8　C 3077　　Printed in Japan

JCOPY ＜出版者著作権管理機構 委託出版物＞
本書の無断複写は著作権法上での例外を除き禁じられています．複写される場合は，
そのつど事前に，出版者著作権管理機構（電話 03-5244-5088, FAX 03-5244-5089,
e-mail: info@jcopy.or.jp）の許諾を得てください．

シリーズ〈ことばの認知科学〉1 ことばのやりとり

辻 幸夫・菅井 三実・佐治 伸郎 (編)

A5判／208頁　978-4-254-51701-9 C3380　定価3,520円（本体3,200円＋税）

認知科学における言語研究の基礎と流れを概観し，理論的・実証的研究の展開を解説。言語研究に考えを巡らせられる「ことばの認知科学」への誘い。〔内容〕ことばの認知科学概観／ことばと意図理解／ことばと対話の多層性／ことばと相互行為／子育てのことば／カウンセリングのことば／手話の認知科学／ことばとロボット

シリーズ〈ことばの認知科学〉2 ことばと心身

辻 幸夫・菅井 三実・佐治 伸郎 (編)

A5判／184頁　978-4-254-51702-6 C3380　定価3,520円（本体3,200円＋税）

認知科学における言語研究の基礎と流れを概観し，理論的・実証的研究の展開を解説。言語研究に考えを巡らせられる「ことばの認知科学」への誘い。〔内容〕ことばと主観性／ことばとマルチモーダリティ／ことばと思考／ことばと感性／ことばと脳／ことばと知覚・情動／ことばと記憶／ことばと運動

シリーズ〈ことばの認知科学〉3 社会の中のことば

辻 幸夫・菅井 三実・佐治 伸郎 (編)

A5判／192頁　978-4-254-51703-3 C3380　定価3,520円（本体3,200円＋税）

認知科学における言語研究の基礎と流れを概観し，理論的・実証的研究の展開を解説。言語研究に考えを巡らせられる「ことばの認知科学」への誘い。〔内容〕ことばと社会／ことばと文化／ことばとユーモア／ことばと機械翻訳／ことばのコーパス分析／ことばとＡＩ／サブカルチャのことば／オンラインのことば

シリーズ〈ことばの認知科学〉4 ことばと学び

辻 幸夫・菅井 三実・佐治 伸郎 (編)

A5判／192頁　978-4-254-51704-0 C3380　定価3,520円（本体3,200円＋税）

認知科学における言語研究の基礎と流れを概観し，21世紀に入ってからの著しい理論的・実証的研究の展開を第一線で活躍する専門家がわかりやすく解説。学部初学生，他分野の専門家から言語と認知について関心を抱く一般読者まで，広い観点から興味の対象となる言語研究に考えを巡らせられる「ことばの認知科学」への誘いを目指す。

言葉とコミュニケーション ―心理学を日常に活かす―

邑本 俊亮 (著)

A5判／160頁　978-4-254-52033-0 C3011　定価2,970円（本体2,700円＋税）

言葉を介したコミュニケーションの心理学に関する入門書。

シリーズ〈絵本をめぐる活動〉1 絵本ビブリオ LOVE
―魅力を語る・表現する―

中川 素子 (編)

A5判／200頁　978-4-254-68521-3　C3371　定価2,750円（本体2,500円＋税）

絵本への多様な向かい方や愛し方を，さまざまな年齢，立場の方に語ってもらう。〔内容〕成長の各年代と絵本／家族の愛を育む絵本／人生や心をはげます絵本／仕事のきっかけとなった絵本／自然や文化観がみえる絵本／絵本を愛する視点。

シリーズ〈絵本をめぐる活動〉2 絵本ものがたり FIND
―見つける・つむぐ・変化させる―

今田 由香・大島 丈志 (編)

A5判／208頁　978-4-254-68522-0　C3371　定価2,750円（本体2,500円＋税）

「絵本で物語るとはどういうことか」をコンセプトに，絵本で物語ることの意義と実際の活動について解説・紹介する。〔内容〕子どもが紡ぐ物語／視覚が生み出す物語／ナンセンス絵本と不条理絵本／変形していく物語／絵本と翻訳。

シリーズ〈絵本をめぐる活動〉3 手作り絵本 SMILE
―創る喜びと広がるコミュニケーション―

和田 直人 (編)

A5判／200頁　978-4-254-68523-7　C3371　定価2,750円（本体2,500円＋税）

手を動かし考えながら1冊の絵本を作り上げていく魅力とそこから生まれてくる様々な事象を探り出す。〔内容〕教育活動のなかの手作り絵本／手作り絵本で広がる交流の世界／あらゆる人のための手作り絵本／さまざまなかたちの手作り絵本

絵本の事典

中川 素子・吉田 新一・石井 光恵・佐藤 博一 (編)

B5判／672頁　978-4-254-68022-5　C3571　定価16,500円（本体15,000円＋税）

絵本を様々な角度からとらえ，平易な通覧解説と用語解説の効果的なレイアウトで構成する，"これ1冊でわかる"わが国初の絵本学の決定版。〔内容〕絵本とは（総論）／絵本の歴史と発展（イギリス・ドイツ・フランス・アメリカ・ロシア・日本）／絵本と美術（技術・デザイン）／世界の絵本：各国にみる絵本の現況／いろいろな絵本／絵本の視覚表現／絵本のことば／絵本と諸科学／絵本でひろがる世界／資料（文献ガイド・絵本の賞・絵本美術館・絵本原画展・関連団体）／他

子どもの読書を考える事典

汐﨑 順子 (編)

A5判／496頁　978-4-254-68026-3　C3570　定価9,900円（本体9,000円＋税）

「つくる」「読む」「つなぐ」の観点から子どもの読書に関する理論と実践をまとめた事典。見開き2～6ページの項目読み切り形式。現場を熟知している編者・執筆陣で，図書館や司書，子どもの読書にかかわる研究者が本当に役立つレファレンス。〔内容〕つくる（子どもの本の歴史／子どもの本をとりまく力／子どもの本をつくる／子どもの本のいろいろ／子どもの本の広がり），読む（子どもの読みの変化／子どもの読書の現在），つなぐ（つなぐ場と人／つなぐ方法），巻末資料

理論と実践の往還で紡ぐ 保育・幼児教育学
―幸せに生きるためのヒントは乳幼児期に―

高櫻 綾子 (編著)

A5 判／144 頁　978-4-254-65009-9　C3077　定価 2,860 円（本体 2,600 円＋税）

9 章と 18 の実践から，研究者と実践者がともに「本来の保育・幼児教育」について明確に伝えていくテキスト．と同時に，保育・幼児教育が乳幼児期だけでなく，生涯にわたりどのように影響するのかといったつながりも具体的に提示．

子どもの育ちを考える 教育心理学
―人間理解にもとづく保育・教育実践―

高櫻 綾子 (編著)

A5 判／132 頁　978-4-254-60026-1　C3077　定価 2,750 円（本体 2,500 円＋税）

保育・教育系学部学生のための教育心理学のテキスト。教育心理学の基礎知識の解説とともに，理論を実践に活かすための考え方を提供するコラムを豊富に収録。講義科目のみならず演習科目のアクティブラーニング教材としても活用できる。

子どもが育つ遊びと学び ―保幼小の連携・接続の指導計画から実践まで―

高櫻 綾子 (編著)

A5 判／148 頁　978-4-254-65007-5　C3077　定価 2,750 円（本体 2,500 円＋税）

子どもの長期的な発達・成長のプロセスを支える〈保幼小の連携・接続〉の理論とカリキュラムを解説する。〔内容〕保育所，幼稚園（3 歳未満児および 3 歳以上児），認定こども園／小学校（低中高学年）／特別支援学校／学童保育／他。

子どもの育ちを支える 発達心理学

高櫻 綾子・請川 滋大 (編著)

A5 判／176 頁　978-4-254-60021-6　C3077　定価 2,750 円（本体 2,500 円＋税）

保育・福祉・教育系資格取得のために必要な発達心理学の基礎知識をコンパクトにまとめたテキスト。〔内容〕発達心理学とは／発達研究・理論／人間関係／言語／学習・記憶／思考・知能／自己形成／発達援助／障碍，臨床／子育て支援／他

乳幼児の発達と保育 ―食べる・眠る・遊ぶ・繋がる―

秋田 喜代美 (監修)／遠藤 利彦・渡辺 はま・多賀 厳太郎 (編著)

A5 判／232 頁　978-4-254-65008-2　C3077　定価 3,740 円（本体 3,400 円＋税）

東京大学発達保育実践政策学センターの知見や成果を盛り込む。「眠る」「食べる」「遊ぶ」といった 3 つの基本的な活動を「繋げる」ことで，乳幼児を保育学，発達科学，脳神経科学，政治経済学，医学などの観点から科学的にとらえる。

上記価格は 2025 年 2 月現在